AF340957

REFLEXIONS

SUR

LA GRANMAIRE

FRANSOÉSE

A PARIS,

Chez JEAN BAPTISTE COIGNARD,

Imprimeur ordinaire du Roy.

.MDCCXVII.

AVEC PRIVILEGE DE SA MAJESTÉ

J'AI fait des reflexions ſur toutes les parties de la Granmaire Franſoiſe, voici cèles que j'ai faites ſur les parties des Verbes Franſois, je les ai fait imprimer pour les pouvoir comuniquer a mes amis & a quelques curieus. Je ſerai fort obligé a ceus qui voudront les lire, & me doner leurs avis, ſur leſquels je tâcherai a coriger, ou a èclaircir mes prèmières panſées, ſi èles en valent la peine, ſinon je ſuprimerai tout l'Ouvrage.

LISTE DES TABLES

FAITES POUR ACOMPAGNER

LE DISCOURS

DES PARTIES DU VERBE FRANSOIS.

LISTE

DES PARTIES
DU VERBE.

JE partage toutes les parties du Verbe en plusieurs Sections, & je done a chacune de ces Sections une Table separée. Dans la Table marquée A qui contient la prèmière Section je mets toutes les parties simples du Verbe, & dans les autres Tables je mets toutes les parties composées. Je nome *parties composées* cèles qui se forment par le moyen des Verbes auxiliaires *avoir* & *être*, & *parties simples*, cèles qui se forment sans amployer ces auxiliaires.

J'ai pris pour example, le Verbe *Chanter*, & come dans toutes les diverses parties de ce Verbe les Lètres CHANT demeurent toujours, je les ai ècrites en lètres carées ou capitales, & les diverses Inflexions qui marquent les difèrantes par-

A

ties du Verbe, c'ést a dire lés persones, les nombres, les tems, les meufs, &c. je les ai ècrites en lètres courantes parce qu'èles changent.

J'ai partagé ma prèmière Section en trois Colones. Dans la prèmière Colone j'ai mis les quatre tems de l'Indicatif. Dans la seconde Colone j'ai mis les trois tems du Subjonctif. Dans le haut de la troisième Colone j'ai mis l'Imperatif, & dans le bas de la même Colone j'ai mis l'Infinitif & les participes.

Voici l'ordre dans lequel j'ai rangé les quatre tems de l'Indicatif.

Prèsant

Prètèrit

Futur

Imparfait.

J'ai mis l'Imparfait le dernier, parce qu'il ranferme l'idée de deus tems difèrans ; il regarde l'action come prèsante dans un tems qui ést passé, si je dis, *Je dinois quand Pière ést antré*, le tems dont je parle, qui ést celui de l'antrée de Pière, eſt paſſé ; mais je regarde mon action de dîner come ètant prèſante , come ſe faiſant actuèlemant lorſque Pièreeſt antré , au lieu que chacun des trois autres tems ne porte que l'idée d'un ſeul tems.

Ce que je viens de dire paroîtra ancor plus vrai ſi je compare cèt Imparfait avec le pluſque Parfait , dont je parlerai dans la ſèconde Section du Verbe , ſi je me ſers de ce pluſque Parfait & que je diſe *j'avois dîné quand Pière eſt antré* , je done l'idée de deus Prètèrits ou Paſſés , car je regarde le tems de l'antrée de Pière come paſſé & mon action de dîner come ètant dêja paſſée avant que Pière antrât.

Le prèſant regarde l'action come ſe faiſant dans le tems auquel je parle.

Le Prètèrit regarde l'action come aïant èté faite dans un tems qui a prècèdé celui auquel je parle.

Et le Futur regarde l'action come devant ètre faite dans un tems qui ſuivra celui auquel je parle.

J'ai mis trois tems dans le Subjonctif,

& je les ai només *prèmier, second & troisiè-me*. J'ai mis le prèmier tems du Subjonc-tif vis a vis du prèfant de l'Indicatif, parce que c'est de ce tems là qu'il fe forme , & même il s'y trouve plufieurs Inflexions famblables a cèle du prèfant de l'Indica-tif , come on peut voir par ma Table. J'ai mis le fecond tems du Subjonctif vis a vis du Prètèrit , parce qu'il fe forme de la fe-conde perfone du Prètèrit en ajoutant la filabe *fe* , de *tu chantas* on forme *je chan-tafe*. J'ai mis le troifiême tems du Sub-jonctif vis a vis du futur de l'Indicatif , parce qu'il fe forme de ce futur en chan-geant *rai* en *rois* , de *je chanterai* on forme *je chanterois*. Ce raport des tems du Sub-jonctif avec ceus de l'Indicatif paroîtra ancor plus fanfible dans les Verbes les plus irèguliers.

Dans la Table du Verbe *avoir* , on voit que du Prètèrit *j'eus* , on forme j'euffe qui eft le fecond tems du Subjonc-tif , & du Futur j'aurai on forme j'aurois qui eft le troifiême tems du Subjonctif.

Tout de même dans la Table du Verbe *être* on vêra que du Prètèrit *je fus* , on forme *je fuſſe* qui eſt le ſecond tems du Subjonctif, & que du Futur *je ſerai* on forme *je ſerois* qui eſt le troiſiéme tems du Subjonctif.

Je n'ai point doné aus tems du Subjonctif le nom de *Prèſant*, de *Prètèrit*, & de *Futur*, parce qu'ils ne donent pas toujours l'idée de ces tems là.

L'Impèratif n'a point de difèrans tams, come en ont l'Indicatif & le Subjonctif. De plus il n'a que la ſeconde perſone du ſingulier, la prèmière & la ſeconde du pluriel, come on peut voir dans ma Table : je l'ai placé vis a vis du prèſant de l'Indicatif, parce que dans les Verbes règuliers il eſt formé de ce prèſant en ôtant le pronom perſonel, de *tu chantes* , on a fait *chantes* , de *nous chantons* , on a fait *chantons* , & de *vous chantés* , on a fait *chantés*.

Dans les Verbes règuliers qui ſe conjuguent come chanter , la ſeconde perſo-

A iij

ne du fingulier de l'Impèratif perd fon *s*, a moins qu'èle ne foit fuivie des Particules relatives *y* & *en*; mais dans les Verbes irègu- liers il y a beaucoup d'ocafions ou cète fe- conde perfone fingulière de l'Impèratif garde fon *s*, come on peut voir dans les obfervations que l'Acadèmie a faites fur les remarques de Vaugelas.

J'ai mis l'Infinitif & les deus Participes au bas de cète troifième Colone, mais fans aucun raport aus tems de l'Indicatif & du Subjonctif, parce qu'ils n'en font pas formés.

J'ai remarqué dans la Granmaire Ale- mande une chofe qui peut fervir a faire voir que j'ai eu raifon de placer les tems du Subjonctif vis a vis des tems de l'Indi- catif, come ils font dans ma Table, & particulièremant le troifième tems du Subjonctif vis a vis du futur de l'Indicatif *je chanterois*, vis a vis de *je chanterai*.

La Langue Alemande n'a pas come la Langue Franfoife une dèfinance pour marquer le futur. Les Alemans forment

leur futur par le moyen du Verbe auxiliaire *Werden*, & pour dire *je chanterai*,
ils difent *ich werde fingen*. Et par une fuite
nèceffaire ils n'ont point de definance
pour marquer le troifiême tems du Subjonctif, & pour l'exprimer ils fe fervent
du même auxiliaire pris au Subjonctif,
& pour dire *je chanterois*, ils difent *ich
würde fingen*.

J'ai trouvé quelque chofe d'a peu près
famblable dans la Granmaire Efpagnole;
mais je croi qu'il fera bon de n'en rien
dire que je n'aie parlé des parties compofées du Verbe.

Sur toutes les parties fimples du Verbe
on peut remarquer que l'Indicatif, le
Subjonctif & l'Impèratif font ce que les
Granmairiens apelent des Modes, ou
Meufs du mot Latin Modus, qui fignifie
manière, parce que la manière dont les
chofes font fignifiées par l'Indicatif eft
difèrante de cèle dont èles font fignifiées
par le Subjonctif. L'*Indicatif* marque ou
indique fimplemant l'action come faire

dans un certain temps , & le *Subjonctif* ,
marque cète même action avec la jonction
ou addition de quelque defir , de quelque
condition , de quelque fupofition (ce qui
fe fait par des propofitions incidantes)
par example *je fouhaite que vous chantiés* ,
contient un defir , *en cas que tu chantaffe* ,
contient une fuppofition , *je chanterois fi
tu voulois* , contient une condition , &
c'eft la jonction de ce defir , de cète fupofition , de cète condition , qui a formé le
nom du Subjonctif.

Quelques Granmairiens mètent ici
un autre Meuf ou Mode , qu'ils noment *Optatif* , du mot Latin *Opto* qui fignifie *je fouhaite* , d'autres y en ajoutent
un qu'ils apèlent *Conceffif* , ou *Potanciel* ,
quelques uns même y en ajoutent plufieurs autres felon les difèrans fantimans
de l'âme , qui font joints a l'Idée de l'action fignifiée par le Verbe : Mais ces difèrans fantimans n'aïant pas introduit de
nouvèles terminaifons ou des Inflexions
difèrantes de cèles que nous avons mifes

dans les temps du Subjonctif, & les Inflexions ètant propremant ce qui fait les difèrances dans la Granmaire, j'abandone a l'Examen des Filofofes les difèrantes manières dont on peut concevoir une action, & me contante d'examiner ici ce qui est du partage de Granmairiens.

A ces deus Meufs ou Modes les Granmairiens en joignent un troifième, & parce que ce troifième Mode fert ordinairemant a comander, on l'a nomé *Impèratif* du mot Latin *Imperare*, qui fignifie comander. Ce Mode fert auffi a prier, a exhorter, &c. Ce Mode tient peu de place dans ma Table, & ne demande pas une grande atantion, il n'a pas des tems difèrans, come les deus prèmiers Modes que nous avons vus, il n'a que la feconde perfone au fingulier, & la prèmière & la feconde au pluriel, & même ces perfones font prifes ordinairemant de cèles du prèfant de l'Indicatif en retranchant le pronom perfonel.

Quand l'action fignifiée par le Verbe

eſt exprimée ſimplemant ſans raport a
aucune perſone a aucun tems, on dit que
le Verbe eſt a l'Infinitif, par example *Chan-*
ter ſignifie l'action, ſans dire qu'èle ſoit
faite par quelqu'un ni en quel tems èle eſt
faite, cet *Infinitif* eſt conſiderable, parce que
dans les Dictionaires Franſois on ne trouve que l'Infinitif des Verbes, c'eſt par l'Infinitif qu'on règle les diférantes qualités
des Verbes, on dit par example, le Verbe
chanter eſt actif. Le Verbe *èternuer* eſt
neutre. C'eſt par l'Infinif qu'on marque
les diférantes conjugaiſons des Verbes,
dont nous parlerons dans la ſuite, & qu'on
dit le Verbe *chanter* eſt de la prèmière
conjugaiſon, le Verbe *pouvoir* eſt d'une
autre, le Verbe *dire* eſt d'une autre, le
Verbe *partir* eſt d'une autre. C'eſt par l'Infinitif, qu'on dit le Verbe *pleuvoir* eſt
imperſonel, &c.

Les Granmairiens font un mode particulier de l'Infinitif, & le noment *Infinitif,*
parce qu'il marque l'action, ſans qu'èle
ſoit dèfinie ou dèterminée a aucun tems,

a aucun nombre , a aucune perſone ,
Mais come cet Infinitif n'a pas difèrantes
perſones , & que dans les parties ſimples
du Verbe Franſois il n'a pas diſèrans tems,
on peut n'en pas faire un mode particulier.

Outre ce que nous venons de dire , les
Verbes ont , deus parties ou dèpandan-
ces qu'on apèle des participes , ſçavoir le
participe aĉtif, come *Chantant*. Le participe paſſif come *chanté*.

On les nome *participes* , parce que ce
ſont des mots qui participent quelque
choſe , de la nature des noms , & quelque choſe de la nature des Verbes : ils
participent de la nature des noms , parce
qu'ils ont des ſinguliers , des pluriels , &
même des genres come les noms , ils participent de la nature du Verbe , parce qu'ils
en ont la ſignification , & qu'ils marquent
l'aĉtion ſignifiée par le Verbe.

Pluſieurs Granmairiens diſent qu'en
Franſois , il n'y a point propremant de
participe aĉtif , & que ce ne ſont que des
Gerondifs ou des Adjeĉtifs Verbaus.

Mais come c'eſt plûtoſt une diſpute de mots, qu'une veritable dificulté, je me ſervirai toujours des mots de *participe actif*, & de *participe paſſif*, pour me faire mieus antandre.

Le participe paſſif eſt d'un très grand uſage, & ſert a former toutes les parties des Verbes que j'apèle parties compoſées, come nous vêrons dans la ſuite.

Toutes ces difèrantes terminaiſons ou Inflexions que nous avons vuës & qui ſervent a marquer les perſones, les nombres, les tems & les modes, ſont ce qu'on apèle une *Conjugaiſon*, & cète Table marquée A. fait voir d'un coup d'œil toutes les parties ſimples d'un Verbe règulier Franſois avec les raports qu'il y a antre toutes ces parties. Le mot de *Conjugaiſon* vient de la prépoſition Latine *cum*, qui ſignifie *avec, anſamble*, & du mot Latin *jugum*, qui ſignifie *joug*, & l'on dit que dés Verbes ſont d'une même Conjugaiſon quand ils ſont come ſous le joug des mêmes Règles par raport aus difèrantes Inflexions, qui

ſervent a former leurs tems , leurs perſones, &c.

Je nome le Verbe *Chanter* , Verbe
règulier , parce que de tous les Verbes
de la Langue Franſoiſe , qui ſont au nombre d'anviron quatre mile , il y en a plus
des trois quarts qui ſe conjuguent come
chanter, & pour les autres Verbes ils ſe
conjuguent ſi difèranmant les uns des
autres , qu'on ne ſauroit doner de règle
bien gènèrale pour aprandre la manière
dont ils forment leurs difèrantes parties ,
& l'on ne vient a bout de le conoître parfaitemant que par l'uſage , aidé de quelques obſervations particulières.

J'ai nomé Verbes Règuliers les Verbes
ſamblables a chanter ; qui ont *er* a l'Infinitif , & j'ai dit qu'ils ſe conjuguent tous
come chanter, il en faut excepter le Verbe *aler* qui a au prèſant de l'Indicatif quatre mots qui comancent par un v. con-
ſone, ſavoir *je vas , tu vas , il va* , & *ils
vont* , il a au futur *j'irai , tu iras , il ira ,
nous irons , vous irés , ils iront* , de ce

futur , come de tous les futurs de la Langue , se forme le troisième tems du Subjonctif , & l'on dit *j'irois, tu irois, il iroit, nous irions, vous iriés, ils iroient.*

Ce que je viens de dire sufira pour doner une Idée des diférantes parties simples du Verbe , & de leurs divers raports. Je parlerai ansuite des parties composées du Verbe , mais avant cela il faut remarquer que ces parties composées se forment par le moyen des Verbes auxiliaires *avoir* & *être.* Le nom d'*auxiliaire* qu'on done a ces deus Verbes vient du mot Latin *auxilium* qui signifie *secours,* & marque que c'est par leur moyen , par leur secours qu'on forme les parties composées des Verbes.

Du Verbe AVOIR.

Le Verbe *Avoir* a les mêmes parties que le Verbe *Chanter* , come on peut voir dans la Table marquée B , où l'on peut remarquer prèmieremant combien

lès tems du Subjonctif rèpondent exactemant aus tems de l'Indicatif, vis a vis
desquels ils sont placés. Par example
j'eusse rèpond a *j'eus* dont il est formé.
J'aurois rèpond a *j'aurai* dont il est formé.

Secondemant que l'Impèratif n'est pas
pris du prèsant de l'Indicatif, come il l'est
dans le Verbe Chanter, que nous avons
apèlé règulier, mais cet Impèratif est
pris du Subjonctif. L'Impèratif *aies*, n'est
pas pris de l'Indicatif *tu as*, mais du Subjonctif *que tu aies*. L'Impèratif *aïons* n'est
pas pris de l'Indicatif *nous avons*, mais du
Subjonctif *que nous aïons*. L'Impèratif
aïés n'est pas pris de l'Indicatif *vous avés*,
mais du Subjonctif *que vous aïés*.

Remarqués en troisiême lieu que ces
mots du Subjonctif *aïons*, *aïés*, & le Participe actif *aïant*, se doivent ècrire par
des *i* sur lesquels il y ait deus points, &
non par des *y*, come je l'ai expliqué plus
au long dans ma Lètre sur l'Ortografe.

Ce raport de l'Impèratif avec le prèsant de l'Indicatif dans le Verbe règulier

Chanter, ou avec le prèmier tems du Subjonctif dans le Verbe *avoir*, est la raison
pour laquèle dans mes Tables des Verbes
j'ai toujours mis l'Imperatif au haut de
la troisième Colone, & vis a vis du prèsant de l'Indicatif & du prèmier tems du
Subjonctif.

Il y a beaucoup d'ocasions ou l'on amploie indifèramant l'Imperatif & le prèmier tems du Subjonctif. Je dirai a un
de mes gens, *Va m'atandre au Palais*, &
*que ton camarade aille savoir des nouvèles de
mon frère*. La prèmière partie du coman-
demant est a l'Impèratif, *va*, la seconde
est au Subjonctif, *aille* ; ce qui fait voir
ancore que j'ai eu raison de mètre dans
ma Table du Verbe fransois l'Impèratif
vis a vis du prèmier tems du Subjonctif.
En Latin on se sert souvant des persones
du prèsant du Subjonctif dans un sans
Impèratif, & même les Granmairiens Latins ordinaires ont mis, quoique par abus,
cantet, *cantemus*, & *cantent* dans l'Impèratif, quoique ce soient propremant des
parties

parties du Subjonctif , come je l'ai dit dans l'explication de ma Table du Verbe *Canto.*

Dans la Table A du Verbe *Chanter* , les prèmières Lètres , favoir *Chant* , font ècrites en gros caractères , parce qu'èles ne changent point , & qu'èles fe trouvent dans toutes les parties de la Conjugaifon : mais dans ma Table B du Verbe *avoir* , il n'y a rien d'ècrit en lètres carées , parce qu'il n'y a point de Lètres qui demeurent les mêmes dans toutes les parties de la Conjugaifon de ce Verbe ; il y en a qui comancent par un *a* , come *aurai* , *avoir* , *aïant* , &c. la troifième du pluriel du Prèfant , favoir *ont* comance par un *o* , il y a d'autres parties qui comancent par un *e* , favoir le Prètèrit *eus* , le fecond tems du Subjonctif *euffe* , & le Participe paffif *eu.*

Come toutes ces Lètres de la Conjugaifon *avoir* changent dans les difèrantes parties du Verbe , je les ai ècrites en Lètres italiques dans la Table B , come

B

j'ai ècrit les diverſes inflexions du Verbe *Chanter* dans la Table A.

Remarqués que toutes ces parties du Verbe *avoir* qui comancent par *eu* ſe prononcent come s'il n'y avoit qu'un *u* , & qu'on prononce *j'us* , *j'uſſe* , quoiqu'on ècrive *j'eus* , *j'euſſe*.

Ce Verbe *avoir* ſert a ſignifier *poſſèder* , *tenir en ſa puiſſance. Vous avés de l'argent. J'avois une tête.* Il a beaucoup d'autres uſages diférans , come on peut voir dans le Dictionaire.

Outre ces uſages, il en a un autre très-conſiderable dans la Granmaire, c'eſt qu'-ètant joint avec le Participe paſſif, il forme autant de tems compoſés , qu'il y en a de ſimples. *J'ai chanté , j'aurai chanté , j'aurois chanté , avoir chanté , aïant chanté ,* &c. Et toutes ces parties compoſées par le moyen du Verbe auxiliaire *avoir* ont raport au tems paſſé & donent moyen d'exprimer une infinité de choſes , qu'on ne ſauroit exprimer par les tems ſimples.

Seconde Section du Verbe actif.

La Table C est composée de toutes les parties du Verbe auxiliaire *avoir*, jointes au Participe passif *Chanté*.

Toutes ces parties de la Table C qui sont composées du Verbe auxiliaire *avoir* & du Participe passif *chanté*, font la seconde Section de la Conjugaison du Verbe *chanter* ; & come l'auxiliaire *avoir* leur done a toutes une signification qui tient du Prètèrit, on les pouroit nomer toutes des Prètèrits, cependant on leur a doné d'autres noms, je leur conserve ceus de ces noms, que je n'ai pas trouvés contraires aus idées qu'on doit avoir des parties du Verbe.

Les Granmairiens ne font pas tous de même avis fur les noms qu'il faut doner aus difèrans tems du Verbe, ni fur le partage des Meufs ou Modes. La Granmaire gènèrale & raifonée, cèle de Monfieur l'Abé Regnier, cèle du Père Bufier &c.

B ij

ne s'acordent pas antre èles fur cète matière , j'ai fuivi l'ufage le plus ordinaire ,
quand il a pu s'acorder avec mes idées.

Remarqués que le fecond tems compofé du Subjonctif fe met quelquefois a
la place du troifiême , on dit quelquefois
j'euffe chanté , au lieu de *j'aurois chanté*.

Les difèrantes parties du Verbe ne s'amploient pas toujours aus ufages aufquels
ils paroiffent deftinés par les noms qu'on
leur a donés & par la place qu'ils ocupent
dans les conjugaifons , & on les amploie
difèramant felon les difèrantes Langues
dont on fe fert , par example je dis en
Franfois , *j'irois en **Alemagne** fi mon père
l'ordonoit*, dans le prèmier mambre de cète
frafe je me fers de *j'irois* qui eft du troifiême tems du Subjonctif , & dans le fecond mambre je me fers de *l'ordonoit* qui
eft de l'Imparfait de l'Indicatif ; mais en
Latin j'amploie l'Imparfait du Subjonctif dans les deus mambres de la frafe *Irem
in Germaniam fi pater meus juberet* , & en
Italien je dirai ***Andarei** in Germania fe mio*

padre lo comandaſſe , & je me ſers dans le
prèmier mambre de la fraſe du mot *An-*
darei qui eſt du troiſiême tems du Subjonctif, & dans le ſecond mambre je me
ſers de *comandaſſe* qui eſt le ſecond tems
du Subjonctif. Ainſi en ces trois Langues
voila des amplois difèrans des tems du
Verbe pour ſignifier la même choſe.

Outre les parties compoſées des Verbes , qui font , come nous avons dit , la
ſeconde Section de la Conjugaiſon , &
qui font des eſpèces de Prètèrits , il ſe
trouve ancore un autre Prètèrit parmi
les parties ſimples ou dans la prèmière
Section de la Conjugaiſon , c'eſt le ſecond tems de l'Indicatif, ſavoir *je chantai,*
il y a un autre vèritable Prètèrit dans la
ſeconde Section, c'eſt celui que je nôme
Prètèrit compoſé , ſavoir *j'ai chanté.* On
les confond ſouvant , & les Etrangers ont
beaucoup de peine a diſtinguer en quèle
ocaſion il faut amployer l'un ou l'autre.
J'ai fait un aſſés long diſcours pour le faire
conoître, en voici le prècis.

Quand on parle d'un tems, dont il reste ancore une partie, come *aujourd'hui*, *cète semaine*, *cète anée*, il faut se servir du Prètèrit composé, *j'ai chanté aujour-d'hui*, *j'ai vu mon Cousin cète semaine*, *j'ai fait deus voyages en Languedoc cète anée*; Mais quand on parle d'un tems dont il ne reste plus aucune partie, il faut se servir du Prètèrit simple, *je chantai hier*, *je perdis la semaine passée*, *je fis un voyage à Rome l'anée passée*, *j'achetai une tère il y a trois ans*, *le Roy prit Mastric en 1673. &c.*

Il y auroit beaucoup d'autres choses a dire sur ce sujet, mais peut être que ce que je viens de dire sufira prèsantemant.

Sur le Participe passif qui est amployé en cète Section, on peut remarquer deus choses.

Prèmièremant que dans toutes les parties de cète Section ce Participe ne done nule idée de Passif, ainsi a ne regarder que l'usage qu'il a en cète ocasion, il samble qu'on pouroit le nomer un *Participe auxiliaire*, mais come ce terme n'est pas an-

core autorifé par l'ufage, on peut continuer a le nomer *Participe paffif*.

Secondemant que quoique dans toutes
les parties de cète Section je n'aie mis que
chanté fans me fervir du pluriel *chantés*, ni
du fèminin *chantée* ou *chantées* ; cepandant
quand en amployant les parties de cète
Section on nome le Subftantif, ou le
Pronom qui marque le fujet fur qui
tombe l'action avant que de mètre le Verbe, alors ce Participe peut avoir un pluriel ou un fèminin, par example, je dirai
fort bien *j'ai chanté des Pfeaumes*, parce que
le Verbe *j'ai chanté* eft mis avant le mot de
Pfeaumes qui marque l'objet de l'action
de chanter, ou le fujet fur qui tombe cète
action : mais fi dans ma frafe j'avois mis
le mot de *Pfeaumes* avant le Verbe, il faudroit dire *les Pfeaumes que j'ai chantés*.
Tout de même fi ce Subftantif eft fèminin
je dirai *j'ai chanté une himne*, parce que
le Verbe *j'ai chanté* eft avant le Subftantif
himne, mais fi le mot d'*himne* prècèdoit
le Verbe, il faudroit que le Participe fui-

vit le genre du Subſtantif , & je dirois *l'himne que j'ai chantée* , & tout de même au pluriel fèminin je dirai , *j'ai chanté des himnes* , parce que le Verbe prècède le Subſtantif, mais ſi ce Subſtantif ètoit devant le Verbe , il faudroit que le Participe s'acordat en genre & en nombre avec le Subſtantif , & je dirois *les himnes que j'ai chantées.*

Il n'en eſt pas de même en Italien , car en cète Langue ſoit que le Verbe ſoit avant le Subſtantif , ſoit qu'il ſoit après on fait ce Participe ou dèclinable ou indèclinable indifèranmant , c'eſt a dire que ce Participe prand ſi l'on veut le nombre & le genre du Subſtantif, ou ne le prand pas. Si le Verbe prècède le Subſtantif, l'on dit indifèranmant *ho cantato tre ſalmi,* ou *ho cantati tre ſalmi. Ho cantato una canzone,* ou *ho cantata una canzone , ho ſcritto due lettere,* ou *ho ſcritte due lettere,* & tout de même ſi le Subſtantif prècède le Verbe on dit indifèranmant *i ſalmi che ho cantato,* ou *i ſalmi che ho cantati, la canzone che ho cantato* ou *la canzone che ho cantata*, *le Lettere che ho scritto* ou *le Lettere che ho scritte*.

Seconde Section du Verbe AVOIR.

Nous avons dit que le Verbe *avoir* sert d'auxiliaire pour former les parties composées de quelques Verbes , come *j'ai chanté*, *j'aurai chanté* , &c. Ce Verbe *avoir* se sert aussi d'auxiliaire a lui même, quand il est joint avec son Participle *eu* , & l'on dit *j'ai eu*, *aïant eu* , ce qui forme les parties composées du Verbe *avoir* , qu'on peut voir dans la Table D.

Dans ces parties le prèmier mot est auxiliaire & donc quelque signification de Prèrèrit , & le second mot garde les significations naturèles au Verbe *avoir* , come *possèder*, *tenir en sa puissance*, &c. Dans cète frase *j'ai eu de l'argent* , le mot *eu* est là au lieu de *possèdé* , *tenu en ma puissance* , & le mot *j'ai* ajouté a *eu* est pour marquer que cète possession est passée.

Troisiéme Section du Verbe actif.

Quelquefois les parties composées du Verbe *avoir*, servent d'auxiliaire au Verbe simple, ètant jointes au Participe paßif, l'on dit, *j'ai eu chanté*, par example *dès que j'ai eu chanté je suis parti pour venir*. On dit, *j'aurois eu dîné*. Par example *j'aurois eu dîné avant deus heures sans un home qui est venu me parler d'afaires*. Je nome ces sortes de parties du Verbe des parties *surcomposées*, parce qu'il y antre deus auxiliaires ou si vous voulés l'auxiliaire avoir y est amploié deus fois. Je les ai mises dans la Table E. & quoique ces parties surcomposées soient dans le gènie de notre Langue, cependant on ne les amploie pas souvant parce qu'èles sont raremant nècessaires, & come on ne les amploie pas souvant, il y a des Granmairiens Franfois qui n'en parlent point.

Prèmière Section du Verbe **ETRE.**

Le second Verbe auxiliaire eſt le Verbe *être.* La Table que j'ai dreſſée de ce Verbe eſt dans le même ordre que cèles que j'ai dreſſées pour le Verbe *Chanter* & pour le Verbe *avoir*, èle eſt cotée F.

Dans cète Table on peut remarquer que ce Verbe prand ſon Impèratif du prèmier tems du Subjonctif , auſſi bien que le Verbe *avoir* & non du prèſant de l'Indicatif , come la plupart des autres Verbes de la Langue.

Remarqués ſecondemant que les Verbes *être* & *avoir* ne forment pas les perſones du Prèſant & du Prèèrit de l'Indicatif , ni cèles du prèmier tems du Subjonctif ſelon les mêmes terminaiſons ou inflexions que le Verbe Chanter , mais que pour le Futur & l'Imparfait de l'Indicatif , & pour le ſecond & troiſième tems du Subjonctif leurs inflexions ſont abſolumant les mêmes que dans le Verbe Chanter. Nous vêrons dans la ſuite qu'il en eſt de même dans tous les Verbes , quelque irrèguliers qu'ils puiſſent être d'ailleurs , ainſi quand on les ſait conjuguer dans un Verbe , on les ſait conjuguer dans tous les Verbes de la Langue , & l'irrègularité ne tombe que ſur les autres parties, principalemant ſur le Prètèrit & ſur le Participe paſſif , qui ſont les deus parties des Verbes irrèguliers qui demandent le plus d'atantion. Si ce que je viens de dire ne paroît pas aſſés clair prèſentemant , on peut conter qu'on l'antandra plus aiſè‑ mant quand on aura vu ce que j'ai a dire des Verbes irèguliers.

Remarqués en troiſiême lieu que dans ce Verbe il n'y a point de Lèttres qui de‑ meurent fixes dans toutes les parties du Verbe. Il y a de ces parties qui coman‑ cent par une ſ , come *ſuis* , *ſerai* , *ſerois* , &c. d'autres comancent par un *e* , come *être* , *ètant* , *ètois* , &c. d'autre par une *f* , come *fûmes* , *fuſſions* , &c. C'eſt pourquoi j'ai ècrit en Lèttre ordinaire toutes les parties de ce Verbe, auſſi-bien que cèles du Verbe *avoir*.

Remarqués en quatrième lieu que dans ce Verbe les mots *ſoyons*, *ſoyés*, ſe prononcent come s'il y avoit *ſeïons*, *ſeïés*, & l'on n'y doit point faire antandre le ſon de l'*o* come font quelques-uns.

Le Verbe *être* a quelquefois un uſage qui n'eſt pas auxiliaire & ſert a marquer l'ètat de la perſone dont on parle & les qualités qu'on lui atribue, par example, *je ſuis malade, mon frère ètoit couché, Alexandre ètoit un grand Prince, nous ſerons heureus dans le Ciel*, &c. Dans toutes ces fraſes le Verbe *être* n'eſt pas auxiliaire, les Granmairiens le noment alors, *le Verbe ſubſtantif*.

Nous avons vu ci-deſſus que le Verbe *avoir*, qui eſt quelquefois auxiliaire ne l'eſt pas toujours, de même que le Verbe *être* ne l'eſt pas dans les ocaſions dont nous venons de parler.

Quatriême Section du Verbe actif.

Le Verbe auxiliaire *être* sert dans la Langue Franſoiſe a exprimer ce que les Granmairiens Latins expriment par leur paſſif Par example on dit en Latin *Laudor*, & en Franſois *je ſuis loué*. On dit en Latin *Amabor*, & en Franſois *je ſerai aimé*. On dit en Latin *Videbar*, & en Franſois *j'ètois vu*. Ce que la terminaiſon ou inflexion ſignifie dans les Verbes Latins eſt ſignifié en Franſois par le moyen de l'auxiliaire *être*.

Dans les Verbes actifs le ſujet, pour parler come les Filoſofes, ou le nominatif du Verbe, pour parler come les Granmairiens, eſt la perſone qui fait l'action, quand je dis *je chante*, *je chanterai*, *je chanterois*, moi qui parle je ſuis le ſujet de la propoſition, ou le nominatif du Verbe, c'eſt moi qui fais l'action. Quand je dis *vous chantés*, *vous chantâtes*, *vous chanteriés*, c'eſt la perſone a qui je parle qui eſt

le fujet de la propofition, ou le nominatif du Verbe, & qui fait l'action de chanter, & ainfi des autres perfones. Mais dans
le paffif du Verbe Latin, ou dans ce qui lui
rèpond en Franfois qui eft compofé de
l'auxiliaire *être* & du Participe paffif, le
fujet de la propofition, ou le nominatif
du Verbe, eft la perfone qui eft l'objet fur
qui tombe l'action. Quand je dis en Latin
Amor, ou en Franfois *je fuis aimé*. Le fujet
de la propofition, ou le nominatif du
Verbe eft la perfone qui parle, & cète
perfone eft l'objet de l'action d'aimer, &
une autre perfone eft cèle qui fait l'action. Quand je dis en Latin *Laudaris*, ou
en Franfois *vous ètes loué*, la perfone a qui
je parle, qui eft le fujet de la propofition,
ou le nominatif du Verbe, ne fait pas
l'action de louër, mais èle eft l'objet fur
qui tombe la louange.

J'ai dit en parlant des Participes que ce
font de vèritables noms, cela eft vrai, fur
tout des Participes paffifs, qu'on amploie
avec l'auxiliaire *être* pour former les par-

ties du Paſſif. Ces Participes ont un pluriel, & l'on dit, *ces Pſeaumes ſont chantés ,*
ces homes ſont loués. Ils ont auſſi un fèminin tant au ſingulier qu'au pluriel, & l'on
dira au ſingulier *cète fame eſt louée , cète ac-*
tion ſera blâmée , & au pluriel , *ces fames*
ſont aimées , ces chanſons ſeront ſouvant chan-
tées. Quand nous parlerons des noms ,
nous dirons ce que c'eſt que leur ſingulier
& leur pluriel , ce que c'eſt que maſculin
& fèminin. Dans ma Table márquée H
je n'ai mis que des maſculins , ſoit au ſingulier , ſoit au pluriel , mais ce que je
viens de dire ſufira pour faire voir que
s'il s'agit d'une fame , ou de pluſieurs
fames , d'une ou de pluſieurs choſes, dont
le nom eſt fèminin , il faut mètre le Participe paſſif au fèminin , ſoit au ſingulier,
ſoit au pluriel.

Remarqués que dans les Verbes neutres , dont nous parlerons bientôt , & dans
les Verbes paſſifs , quand on amploie le
pluriel par politeſſe , & qu'on dit *vous* au
lieu de *tu* , le Participe ne prand pas une *s*

au

au pluriel, & qu'on ne dit pas, *Monſieur
vous êtes loués*, mais *vous êtes loué*, quoique le pronom *vous* ſoit un pluriel & que
le Verbe *êtes* ſoit auſſi un pluriel.

Dans ces ocâſions, ou par politeſſe on
amploîe le pronom pluriel *vous*, & le Verbe au pluriel, le Participe paſſif prand
bien la terminaiſon fèminine, quand il
s'agit d'une fame, mais il n'y prand pas
l's qui eſt la marque du pluriel, & l'on
dit, *Madame vous êtes eſtimée*, & non pas
eſtimées, parce qu'alors on amploie le
Participe par raport a la perſone dont on
parle, & non par raport au pronom
vous & au Verbe auxiliaire pluriel, dont
on ſe ſert.

Seconde Section du Verbe ETRE.

Le Verbe *être* a auſſi des parties compoſées du Verbe auxiliaire *avoir*, & du
Participe paſſif *été*, & ces parties, come
nous l'avons dêja dit en parlant du Verbe *Chanter*, ranferment une ſignification

C

de Prètèrit & forment une feconde Section de conjugaifon, èles font à la Table
H.

Cinquiême Section du Verbe actif.

Les parties de la feconde Section du
Verbe *être* fervent auffi a former des parties furcompofées qui ranferment une
idée de Paffif & une idée de Prètèrit, *il a
èté batu, èle auroit èté louée*, èles font dans
la Table I.

En Franfois, come nous venons de
voir, le Verbe *être* forme fes tems compofés par le moyen de l'auxiliaire *avoir*,
j'ai èté, j'aurois èté, mais en Italien & en
Alemand le Verbe *être* fe fert d'auxiliaire
a lui-même, & l'on dit en Italien *io fono
ftato*, & en Alemand *ich bin gewefen*, ce
qui eft côme fi l'on difoit *je fuis èté*.

Des Verbes Neutres.

Jufqu'ici nous avons expliqué toutes

les parties du Verbe actif , & ce que nous avons dit fervira a conoître cèles des Verbes neutres , mais auparavant il faut voir la difèrance qu'il y a antre les Verbes actifs & les Verbres neutres.

On dit qu'un Verbe est actif quand il est ordinairemant fuivi d'un nom qui marque la perfone , la chofe qui est l'objet de l'action , ou fur qui l'action tombe , *batre* est un Verbe actif , quand on dit *Piére bat fon Valet* , *Piére* , qui est le fujet de la propofition , ou le nominatif du Verbe , est celui qui fait l'action , *fon Valet* marque l'objet de l'action fur qui l'action tombe. *Louer* , est un Verbe actif , quand on dit *David louoit Dieu* , *louoit* , est le Verbe actif , *David* est le nominatif du Verbe & la perfone qui fait l'action , *Dieu* est l'objet de l'action , l'objet de la louange. En parlant de la Langue Latine nous vêrons que les Latins ont une Inflexion particulière pour marquer la perfone qui est l'objet de l'action , & cète Inflexion fe nome chés eus *acufatif* , &

quoiqu'en Franſois nous n'aïons point de pareilles Inflexions dans les noms, cepandant quelques Granmairiens Franſois donent le nom d'acuſatif au mot qui marque l'objet de l'action, come ils donent le nom de nominatif a celui qui marque la perſone qui fait l'action.

Je done le nom de *perſone* au ſujet qui fait l'action & a l'objet auquel èle ſe termine, quoique ſouvant ce ſujet & cet objet de l'action ne ſoient pas des perſones, des homes, c'eſt pour me randre plus intelligible, ou pour ſuivre un uſage reçû, que j'en uſe de cète ſorte.

Quand l'action marquée par le Verbe n'a point d'objet ſur lequel èle tombe, & que le Verbe tout ſeul ramplit toute l'idée de l'action, on dit que le Verbe eſt *neutre*, par example, *je dors*, *tu bâilles*, *il èternuë*, *nous marchions*, *vous courutes*, *ils ſortiront* Ces mots expriment toute l'action, ces actions n'ont point de ſujet ſur qui èles tombent, c'eſt pourquoi ces ſortes de Verbes ſe noment des Verbes neu tres, les Latins leur ont donné ce nom, parce que ce font des Verbes qui ne font ni actifs ni paffifs.

De ces Verbes neutres il y en a quelques-uns qui forment leurs parties compofées, ou leurs fecondes Sections par le moyen du Verbe auxiliaire *avoir*, par example *j'ai dormi*, *nous avons couru* : il y a d'autres Verbes neutres qui forment leurs parties compofées par le moyen du Verbe auxiliaire *être*, par example les Verbes *venir*, *ariver*, car on dit *je fuis venu*, & non pas, *j'ai venu. Ils font arivés*, & non pas, *ils ont arivé*. Et come ces Verbes font neutres de leur nature, & qu'ils fe fervent de l'auxiliaire *être* qui marque ordinairemant le Paffif, je les nome des Verbes *neutres paffifs*. Je fai bien qu'il y a des Granmairiens qui donent le nom de Verbes neutres paffifs a des Verbes d'une autre nature : mais je crois avoir raifon, je ne fuis pas feul de mon avis, & ce nom de neutre paffif doné a ces fortes de Verbes en fait conoître la nature, & marque clairemant que pour former leurs tems compofés ils fe fervent de l'auxiliaire *être*, dont l'ufage le plus ordinaire eft de marquer le paffif. Quelques gens même font alés plus loin, & ont doné le nom de *neutres actifs* aus Verbes neutres qui forment leurs tems compofés par le moyen du Verbe *avoir*, parce que ce Verbe *avoir* eft celui par le moyen duquel les Verbes actifs, come *chanter*, *batre*, forment leurs tems compofés. C'eft pourquoi ils difent que *dormir*, qui fait *j'ai dormi*, *èternuer*, qui fait *j'ai èternué*, font des Verbes *neutres actifs*.

Je me fervirai de la même liberté pour faire mieus antandre ce que j'ai a dire fur cète matière.

Les Italiens ont plus de ces neutres paffifs que nous, ils difent *gli huomini che fono fioriti in quel secolo. Les homes qui font fleuris en ce fiecle-là*, au lieu que nous difons, *les homes qui ont fleuri en ce fiecle-là.*

E viffuto, il a vecu.

E comparfo, il a comparu.

E riuſcito , il a reuſſi.

Je ſai bien que ces Verbes neutres que j'ai només *neutres paſſifs*, & *neutres actifs*, ne ſignifient rien qui done l'idée ni de *paſſif* ni d'*actif*, & l'on parleroit plus exactemant ſi on diſoit des Verbes neutres qui ſe ſervent de l'auxiliaire *avoir*, & des Verbes neutres qui ſe ſervent de l'auxiliaire *être*, on ne ſe ſert des mots de *neutre actif*, & de *neutre paſſif* que pour être plus court. J'ai ouï dire qu'un Granmairien , dont je n'ai point vu l'Ouvrage , ſe ſert des mots de neutre *avoiré* & de neutre *etré*, mais quoique ces mots ſoient plus courts & expriment bien ce que l'on veut faire antandre , je n'oſe m'en ſervir parce que l'uſage ne les a pas ancore receus.

Il eſt fort important de doner un nom a ce que j'apèle *neutre paſſif*, & il ſeroit a propos de bien établir auſſi le nom de *neutre actif*, car il y a des Verbes neutres qui ont une ſignification quand ils ſont neutres actifs , & une autre ſignification quand ils ſont neutres paſſifs , par exam

ple le Verbe *demeurer*, quand il est neutre
actif, c'est à dire quand pour former ses
tems composés, il se sert de l'auxiliaire
avoir signifie *habiter, faire son séjour*, come dans ces frases, *j'ai demeuré dans cète
maison, il a demeuré trois ans en ce Païs-là.*
Et quand il est neutre passif, c'est à dire
quand il forme ses tems composés par le
secours du Verbe auxiliaire *être*, il signifie *s'arèter, cesser d'agir*, come dans ces frases, *nous en somes demeurés en cet androit-là,
il est demeuré tout court en harangnant leRoi.*
Le Verbe *repartir*, quand il est neutre passif signifie *partir de nouveau*, come dans
cète frase, *il ariva avant hier & il est reparti ce matin;* mais quand il est neutre actif il signifie *répondre*, come dans cète frase, *il lui a reparti avec beaucoup d'esprit.* Le
Verbe *convenir*, quand il est neutre actif
signifie, *être convenable, être a propos,* come
dans cète frase, *si cète maison m'avoit convenu je l'aurois achetée,* & quand il est neutre passif il signifie *demeurer d'acord de quelque chose,* come dans ces frases, *il n'est pas*

convenu de cela, ils font convenus de leurs
faits.

Quand on amploie ces fortes de Verbes
dans leurs parties fimples, ou dans leur
prèmière Section, c'eft a dire dans les parties, qui ne font compofées d'aucun Verbe auxiliaire, on ne reconnoît la fignification de ces Verbes, que par les autres
mots qui y font ajoutés, fi je dis, *il repar-
tit promtemant*, il n y a que les autres mots
qui feront amployés dans la nême frafe
qui puiffent faire conoître fi je veux dire,
il répondit avec promtitude, ou *il partit bientôt après être arivé.*

Il feroit donc a propos de bien diftin-
guer dans les Dictionaires de notre Langue la fignification de ces fortes de mots
& de marquer quand ils font pris come
neutres actifs, & quand ils font pris come
neutres paffifs, & c'eft ce que je crois qui
n'a pas ancore été obfervé.

Le même Verbe eft quelquefois *actf*,
quelquefois *neutre actif*, & quelquefois
neutre paffif, & par là il a trois fignifica-

tions difèrantes, par example, le Verbe *monter* est actif dans ces frases, *Il a monté du foin au grenier; il a monté un cheval, j'ai monté ma montre.* Il est neutre actif dans ces frases, *J'ai monté avec beaucoup de peine sur ce Cheval, il a monté trois heures pour ariver au haut de la montagne.* Il est neutre passif dans ces frases, *Il est monté fort haut par son mèrite. Il est monté dans sa chambre il n'y a qu'une heure.*

On peut examiner tout de même le mot de *dècendre* : En cète frase *dècendre du vin a la cave*, il est actif. En cèle ci, *il a dècendu pour venir ici*; il est neutre actif, & en cèle-ci, *Il est dècendu bien bas*, il est neutre passif Il en est tout de même du mot de *cesser*, si je dis *cessés vos plaintes, cessés vos poursuites*, il est actif. Si je dis, *il a cessé de se plaindre*, il est neutre actif, & quelques uns l'amploient come neutre passif & disent, *la peste est cessée.* Mais de quelque manière que le mot *cesser* soit amploié, il signifie toujours *ne pas continuer.* Le Verbe *diminuer* est quelquefois actif, ſi je dis a un Marchand , *diminués quelque chofe du pris de cête étofe & je l'acheterai* , le Verbe diminüer fera actif. Mais dans cète fraſe *cète eau là a fort diminué depuis qu'èle eſt ſur le feu* , il eſt neutre actif. Dans cèle ci , *èle eſt diminuée de moitié* , il eſt neutre paſſif. Ainſi il y a des Verbes qui ont la même ſignification , ſoit qu'ils ſoient amploiés come neutres actifs , ou come neutres paſſifs.

Il y a des Verbes qui ont une ſignification quand ils ſont pris come actifs , & une autre quand ils ſont pris come neutres, par example le Verbe *Rèpondre* eſt actif dans ces fraſes , *il ne m'a rèpondu que des ſotiſes. Que vous a t'il rèpondu* , & alors il ſignifie dire quelque chofe a un home qui nous a parlé. Il eſt neutre dans ces fraſes , *prêtés lui avec confiance je rèpons pour lui. Qui rèpond paye* ; & alors il ſignifie promètre de payer pour quelqu'un.

Il y a une difèrance confiderable antre les neutres actifs , & les neutres paſſifs , qui eſt que les neutres actifs n'ont propremant point de participe paſſif, au lieu que les neutres paſſifs en ont.

Les Participes *èternué* & *dormi*, qui ſervent a former les parties compoſées des Verbes neutres actifs *èternuer* & *dormir*, ſont des eſpèces de mots indèclinables, qui peuvent bien s'amployer avec le Verbe auxiliaire *avoir* pour former les tems compoſés *j'ai èternué*, *il a dormi*, &c. Mais on ne les peut jamais amploier come des Participes & en manière d'adjectifs, & dire, *une fame eternuée*, *des homes dormis*, au lieu que les Participes des Verbes que je nome neutres paſſifs, s'amploient fort bien en manière d'adjectifs, & peuvent avoir des fèminins & des pluriels, & l'on dira fort bien, *une fame venue fort a propos*, *des homes dècendus de bien haut*. Quand je verai que du Verbe *èternuer*, je ne puis pas dire au Participe *une fame èternuée* ni *des homes èternués*, & que du Verbe *venir*, je fais fort bien, *une fame venuë*, & *des homes venus*, je dois conclure que le Verbe *èternuer* n'eſt pas de même eſpèce que le Verbe *venir* , & que les Granmairiens qui les noment l'un & l'autre des Verbes neutres , sans ajouter rien qui les distingue l'un de l'autre , confondent des choses qui devroient être distinguées , & que le Granmairien qui apèlera l'un *neutre actif* , & l'autre *neutre passif* , nous donera des idées plus prècises & plus distinctes.

Les diferans Verbes auxiliaires dont on se sert pour former les parties composées d'un Verbe en changent extrèmemant la signification , *j'ai resolu de faire* , *je me suis a la fin resolu a faire* , ces frases marquent des choses fort diferantes.

Monter & *dècendre* , quoiqu'ils aient la signification neutre se construisent quelquefois come s'ils ètoient actifs , & l'on dit *monter des dègrés* , *dècendre une montagne*; Mais dans ces sortes de frases il y a des reticences , & ce qui montre que ce ne sont pas des actifs , a propremant parler , c'est qu'on ne peut pas les tourner par des passifs , & qu'on ne peut pas dire , *ces dègrés sont montés par un tel* , *cète montagne est montée par un tel.*

Il y a des Verbes neutres qui ſe conjuguent quelquefois come neutres aĉtifs ,
quelquefois come neutres paſſifs , *ce Vaiſ-
ſeau eſt peri* ou *a peri* , *cète Tour eſt ſautée* ,
ou *a ſauté.* Quelques gens diſent , *il y ètoit
paſſé* , pour *il y avoit paſſé. Il ètoit monté a
cheval* , ou *il avoit monté a cheval.*

 J'ai fait pour le Verbe neutre aĉtif
trois Tables , L. M. N. & pour le neutre
paſſif , trois Tables O. P. Q.

 Dans les Verbes neutres paſſifs qui
ſont compoſés du Verbe *être* & du Participe paſſif , ou ſecond Participe du Verbe
neutre , ces Participes ont un pluriel &
un fèminin , come les Verbes aĉtifs pris
au paſſif.

 Dans ces Verbes neutres paſſifs on a
quelquefois de la peine a ſavoir quand il
faut ſe ſervir du Prètèrit ſimple , & quand
il faut ſe ſervir du Prètèrit compoſé , auſſi bien que dans les Verbes qui ſe ſervent
de l'auxiliaire *avoir* : mais il ſemble qu'il
y a des ocaſions ou l'on peut amployer
l'un ou l'autre indiſèramant , & qu'on

peut dire, *il y a quatre jours que je suis ari-*
vé, en se servant du Prètèrit compofé,
ou *j'arivai il y a quatre jours*, en se servant
du Prètèrit fimple. Mais quoiqu'il famble qu'on puiffe amployer indiféranmant
l'une ou l'autre de ces faffons de parler,
je crois fantir quelque diférance antre ces
deus frafes. Quand on fe fert du Prètèrit
fimple, il famble qu'on veut tranfporter
celui a qui on parle dans le tems même
dont il s'agit, & qu'on lui veut conter
tout ce qui fe paffa alors, *Il y a quatre jours*
que nous arivâmes, & auffi tôt après nous
reçûmes des complimans de la part de nos amis,
on m'aporta une Lètre qui m'obligea a aler
fur le champ trouver mon Raporteur, &c.
Mais quand on fe fert du Prètèrit compofé on veut que celui a qui l'on parle
faffe fimplemant atantion au tems prèfant, *Je fuis arivé il y a quatre jours, & je*
me trouve ancore fatigué du voyage. Il y a
quatre mois que je fuis arivé, & je n'ai pas
ancor pu avoir audiance des Miniftres.

Il y a une autre forte de Verbes qui

font d'une tèle nature, qu'on ne fait fous quèle claſſe on doit les ranger, come les Verbes *fubvenir*, *tâcher*, ces fortes de Verbes ont cela de comun avec les Verbes qu'on nome comunemant des Verbes actifs, qu'ils ne forment pas un fans complet par eus-mêmes, mais on ne les nome pourtant pas comunemant des actifs, parce qu'ils ne peuvent pas prandre une fignification paſſive, come font les Verbes actifs, & qu'ils ne gouvernent pas l'acufatif, on ne peut pas auſſi les nomer des Verbes neutres, parce que le Verbe neutre forme de lui-même une idée complète, ce qui fait qu'on le pouroit nomer un Verbe *neutre abfolu.*

Ces fortes de Verbes neutres come *fub-venir* & *tâcher* qui ne s'amploient qu'avec quelque prépofition, come *fubvenir aus néceſſités de quelqu'un. Tâcher de parler* ou *tâcher a parler*, ne les pouroit on point nomer des Verbes *neutres régiſſans.*

Pour conoître fi un Verbe eſt actif il n'y a qu'a voir s'il peut être fuivi imèdia-
temant

temant d'un nom qui fignifie une pèr-
fo e ou une chofe, come, *j'aime Piêre,
je bâtis une maifon*. Il n'en eft pas de même des Neu.res, on ne dit pas *dormir
quelqu'un*, ni *dormir quelque chofe*. Pour
les Verbes actifs on peut faire une queftion en cète forte, *quel eft l'home que vous
aimés, quèle eft la chofe que vous avés bâ-
tie*. Mais on ne peut pas faire une pareille queftion pour les Verbes neutres,
& dire *quel eft l'home que vous avés dormi*.

Mais pour les Verbes neutres qui ont
un règime, la queftion ne fe peut faire
que par la prèpofition qui les fuit ordinairemant, c'eft pourquoi come *fubvenir*
règit la prèpofition *a*, ou eft toujours
fuivi de la prèpofition *a*, ou de quelque
chofe qui y rèponde, je puis former
ainfi la queftion, *a quoi cela peut il fubvenir, a quèles nèceffités prètandés vous fubvenir*. Tout de même on dira *a quoi tâ-
chés vous*, car *tâcher* eft auffi un Verbe
neutre règiffant, il devroit toujours fe
conftruire avec la prèpofition *a*, *tâcher*

a faire, mais les Poëtes pour èviter les bâillemans l'ont construit avec la prèposition *de*, il y auroit eu un bâillemant si on avoit dit *il tâcha a obtenir*, les Poëtes ont dit *il tâcha d'obtenir*, & la coutume de se servir de la prèposition *de* avec le Verbe *tâcher* a passé de la Poësie dans la Prose. Cependant il est aisé de voir que la construction règulière seroit de se servir de la prèposition *a*, on dit *je n'y tâchois pas*, & cet *y*, qui est une particule rèlative est a la place de la prèposition *a*. Il y a beaucoup d'autres Verbes neutres règissans, qu'on pouroit marquer dans les Dictionaires.

Sur les Verbes neutres, il faut remarquer que tant les neutres Actifs que les neutres Passifs, ont des parties surcomposées qu'on peut voir a la Table N & a la Table Q.

Des Verbes PRONOMINAUs.

Nous somes en ètat de parler prèsantemant d'une nouvèle espèce de Verbes, & pour les distinguer des actifs &

des neutres dont nous avons parlé, je
les nomerai *Pronominaus*, parcequ'ils
font toujours formés des pronoms idantiques, *me*, *te*, *fe*, &c.

En parlant des Pronoms perfonels j'ai
tâché a faire conoître ceus que je nome *Pronoms perfonels idantiques*, ils fervent a marquer la perfone qui eft en
même tems & cèle qui fait l'action &
cèle qui eft l'objet de l'action.

Je divife ces Verbes pronominaus en
quatre Claffes, favoir

    Les Idantiques
    Les Rèciproques
    Les Neutrifés
    Et les Paffivés.

On dira peut-être que j'aime bien à
me fervir de mots nouveaus, je l'avouë,
je trouve les mots nouveaus fort utiles
dans le ftile dogmatique, quand ils fervent a faire conoître clairemant & dif-
tinctémant des chofes dont les autres
auteurs n'ont point parlé, & quand par
le moyen des dèfinitions qu'on a faites

de ces mots nouveaus, ils font hors d'è-
tat de caufer aucune èquivoque.

Tous ces Verbes pronominaus prènent l'auxiliaire *être* pour former leurs
teins compofés, au lieu que les actifs
ordinaires prènent l'auxiliaire *avoir*.

En Alemand & en Anglois ces Verbes forment leurs parties compofées par
le moyen du Verbe auxiliaire *avoir*, au
lieu qu'en Franfois ils les forment par
le moyen de l'auxiliaire *être*, come nous
venons de le dire.

Nous alons parler de chacune de ces
quatre Claffes l'une après l'autre.

Des *Verbes* IDANTIQUES.

J'apèle *Verbes idantiques*, les Verbes
qui manquent une action, dont l'objet
eft la perfone même qui fait l'action,
par example, *je me bleffe, tu te nuis a toi
même, il fe noircit, il fe deshonore, Piêre
s'eft tué, on fe louë mal à propos.* Dans toutes ces frafes il eft aifé de voir que celui qui fait l'action & celui fur qui tombe l'action font la même perfone.

Des *Verbes* RECIPROQUES.

J'apèle *Verbes rèciproques*, des Verbes dont le nominatif eſt pluriel, & ſigni-fie des perſones qui agiſſent rècipro-quemant les unes ſur les autres, *ces quatre homes s'antrebatoient, Piére & toi vous vous loués l'un l'autre. Mon frère & moi nous nous aimons fort. Ces fames ſe di-ſent des injures.* Come il y a pluſieurs ocaſions, ou l'on pouroit être en peine ſi ces Verbes ont une ſignification idan-tique, ou une ſignification rèciproque, il eſt ſouvant nèceſſaire d'ajouter les mots, *moi-même, toi-même, lui-même, ſoi-même,* pour reſtraindre la ſignification de la fraſe au ſans idantique, & d'ajouter les mots, *l'un l'autre,* ou la particule *antre,* ou l'adverbe *rèciproquemant,* pour reſtraindre la fraſe au ſans rèciproque.

Si je dis *ces deus homes ſe loüent a tout momant,* on poura croire que je veus di-re que chacun de ces homes ſe done des louanges a lui-même, on poura croire auſſi que je veus dire qu'ils ſe donent

D iij

des louanges l'un à l'autre. Pour ôter toute Equivoque je n'ai qu'a dire, *ils se louënt eus-mêmes à tout momant,* & l'on vêra que alors le Verbe *se louër* a un sans idantique, & si je veus qu'il ait un sans rèciproque, je dirai, *ils se louënt l'un l'autre.*

Quoique j'aie dit que ces Verbes rèciproques ne sont qu'au pluriel, il en faut excepter ceus qui ont pour nominatif un nom colectif, come, *tout le monde, tout le peuple,* & l'on dira fort bien, *tout le monde s'antretuoit,* ou *se tuoit. Tout le monde s'antrebatoit,* ou *se batoit.*

Il en est de même quand on amploie le pronom *on* & qu'il signifie plusieurs persones indèfinimant, *on se batoit a toute outrance, on se tuoit les uns les autres,* on *se disoit toutes sortes d'injures,* en ces ocasions, quoique le pronom *on* signifie plusieurs persones, cepandant le Verbe rèciproque ne s'amploie qu'au singulier.

On voit aisèmant que ces Verbes, tant les idantiques que les rèciproques gardent toujours leur nature d'actif

& marquent & un ſujet qui fait l'action
& un ſujet ſur qui l'action tombe: Mais
il faut remarquer que les pronoms *me*,
te, *ſe* qu'on emploie avec ces Verbes idantiques & avec ces Verbes rèciproques,
ſont quelquefois amployés come des a-
cuſatifs & quelquefois come des datifs:
& nous vêrons dans la ſuite principalemant quand il s'agira de la grande queſ-
tion des participes indèclinables, combien il eſt important de remarquer, ſi
ces pronoms perſonels idantiques ſont,
amployés come des datifs ou come des
acuſatifs. Si, me ſervant d'un Verbe
idantique, je dis *tu te bleſſes toi-même*, le
pronom *te* eſt mis come un acuſatif, &
ſi je dis *tu te fais grand tort*, ce *te* eſt pris
come un datif & ſignifie *tu fais grand tort
a toi-même*. Tout de même avec un Verbe
rèciproque, ſi je dis *ces deus fames ſe louent
& s'antrelouent*, le Pronom *ſe* eſt mis come un acuſatif, mais ſi je dis *ces deus fames ſe diſent des injures*, le pronom *ſe* eſt
mis come un datif & ſignifie la même

D iiij

chofe que *fe difent des injures l'une à l'autre.*

C'eft de la diférance des cas , ou fi vous voulés, des fans dans lefquels on prand le pronom que vient la manière dont fe forment les parties compofées tant des Verbes idantiques , que des Verbes rèciproques. Quand le pronom eft pris à l'acufatif les fecondes fections du Verbe , foit idantique , foit rèciproque , marquent le nombre & le genre dans le participe , par example dans le Verbe idantique : *cète fame s'eft bleffée èle-même, ces homes fe font bleffés eus-mêmes. Ces fames fe font bleffées èles-mêmes.* Et tout de même dans le Verbe rèciproque , *ces homes fe font bleffés l'un l'autre , Ces fames fe font bleffées l'une l'autre,* Mais fi le Pronom eft pris au Datif, le participe qui fert à former les fecondes fections demeurera toujours indèclinable, & l'on dira dans le Verbe idantique , *cète fame s'eft imaginé que, &c. ces homes fe font imaginé que &c. ces fames fe font imaginé que &c.* Et tout de même dans les Verbes reciproques, *ces homes se sont doné des louanges l'un à l'autre ; ces fames se sont doné des louanges l'une à l'autre.*

C'est pour faire voir tout cela d'un coup d'œil que j'ai dreſſé les Tables. R. S. T. V.

La Table R. & la Table S. contiènent les deus ſections du Verbe pronominal dont le pronom eſt pris à l'acuſatif.

La Table T. & la Table V. contiènent les deus ſections du Verbe pronominal quand le pronom eſt au Datif.

Des Verbes NEUTRISE'S.

Quelquefois les Verbes actifs devièntent des neutres, & quoique de leur nature ils ſoient actifs, ils viènent par l'uſage a n'avoir plus la ſignification active, par example le mot *fâcher*, eſt de ſa nature un actif, & l'on dit *fâcher quelqu'un*, mais ſi je dis, *cet home ſe fâche*, je ne marque autre choſe que la diſpoſition de ſon eſprit, il n'y a plus d'action qui tombe ſur un objet, & le Verbe eſt vèritablemant neutre. *Promener* eſt de ſa nature ùn Verbe actif, & l'on dit *promener un cheval*, mais quand on le joint avec les pronoms *me*, *te*, *ſe*, &c. il n'eſt plus actif, il ne marque plus une action qui tombe ſur un objet, & par cet uſage il eſt neutre ; c'eſt pourquoi je nome ces ſortes de Verbes, des *Verbes neutriſés*, parcequ'ètant de leur nature actifs, ils ſont devenus neutres par la manière dont on les amploie.

Je ſai bien qu'il y a quelques-uns de ces Verbes que je nome *neutriſés*, qu'on ne peut point amployer dans une ſignification active, come, *ſe repantir*, *ſe ſouvenir*, mais outre que ces ſortes de Verbes ſont fort rares dans la Langue Franſoiſe, peut-être que ſi on examinoit bien leur origine, on trouveroit qu'ils ont eu une ſignification active.

Quelquefois un Verbe change de nature ſelon les diférantes manières dont il eſt amployé, par example, le Verbe *ètudier* eſt actif de ſa nature, on dit *ètu-*

dier une langue, on dit *ètudier un home*, pour dire examiner avec foin fes qualités fes inclinations. Ce Verbe devient idantique, fi je dis *s'ètudier foi-même*, pour dire examiner fes propres inclinations, fes talans, pour fe conoître foi-même, pour fe mieus conduire. Ce même Verbe devient neutrifé, fi je dis, *s'ètudier a bien faire tèle chofe, a bien conoître tèle chofe, cet home s'ètudie a faire tout le bien qu'il peut :* Et fi l'on examinoit bien la plupart des Verbes qui ont prèfantemant un fans neutre par le moyen du pronom perfonel, on conoîtroit comant d'actifs, ils font devenus idantiques & anfuite neutrifés.

Il y a des Verbes neutres qui changent de fignification en prenant le pronom perfonel, come, *plaire*, dont on a fait *fe plaire : plaire*, quand il eft fimple neutre, forme fes tems compofés par le moyen du Verbe *avoir*, *il a plu a tout le monde.* Quand il eft joint au pronom perfonel il forme fes tems compofés par le moyen du Verbe *être*, *il s'est plu dans cète maison là.*

Des Verbes PASSIVE'S.

Pour les Verbes que je nome *Pasfivés*, ils ne s'amploient que dans les troisiêmes persones, ce sont des Verbes actifs de leur nature, qui par le moyen du pronom *se* ont une signification paſſive, *ce Livre se vand chés un tel*, ſignifie la même chofe que, *ce livre eſt vandu chés un tel. Ces nouvèles se dèbitent en tel lieu*, veut dire, *ces nouvèles ſont dèbitées en tel lieu.*

Plufieurs Granmairiens donent le nom de *neutre paſſif* indifèranmant à toutes ces quatre Claſſes de Verbes, que j'ai només *Pronominaus*, mais outre qu'il n'y a que ceus de la quatriê-me Claſſe, qui ont quelque chofe de paſſif dans leur ſignification; que ceus de la prèmière & de la ſeconde Claſſe gardent toute leur ſignification active; & qu'il n'y a que ceus de la troiſiême Claſſe qui aient quelque chofe de neutre; je crois qu'on donera une idée bien plus diſtincte de chacun de ces Verbes, en les partageant, come j'ai fait, que ſi on les ranfermoit tous ſous l'idée gènèrale de *neutres paſſifs*.

Les parties ſurcompoſées des Verbes ſe trouvent dans les neutres paſſifs, & l'on dit, *quand il a ètè arivé*, èles ne ſe trouvent point dans les Verbes pronominaus neutriſés, on dit bien, *après m'être promené*, mais on ne peut pas dire, *après que je m'ai ètè promené long-tems*.

Nous pouvons préſantemant faire quelques rèflexions ſur l'amploi des parties du Verbe. Les infinitifs & les participes ne peuvent jamais faire le principal mot de l'atribut d'une propoſition, mais ils peuvent antrer dans le nombre des mots acceſſoires ou modificatifs. Pour l'infinitif il peut faire partie du ſujet, ou le ſujet antier, il fera le ſujet par example *boire eſt permis, boire du vin eſt une choſe dangereuſe*, ce même infinitif devient quelquefois un nom ſubſtantif, *le boire, le manger.*

L'imperatif ne fait pas une propoſition a propremant parler & a moins qu'on ne face paſſer le deſſein qu'a celui qui parle a l'imperatif pour unepropoſition, ces mots *parle plus doucemant* ne peuvent pas faire une propoſition règulière.

Les deus premiers tems du ſubjonctif ne fontjamais la propoſition principale d'une fraſe, ils ne font que la propoſition incidante. Par E. *je ſouhaite que tu ailles en tel lieu*, *je ſouhaite* fait la propoſition principale & par le moyen de la conjonction *que* on y joint les propoſitions incidantes, *tu ailles là*, *tu faſſes tèle choſe*, qui marquent quel eſt l'objet de mon ſouhait, & qui par là ſont come l'acuſatif du Verbe actif *je ſouhaite*.

Pour le troiſiême tems du ſubjonctif il peut bien faire la propoſition principale d'une fraſe, mais il demande toujours après lui une propoſition incidante, par E. *j'irois à Rome ſi vous le ſouhaitiés*, *j'irois à Rome* qui eſt au 3.

tems du subjonctif est la proposition principale & les mots, *si vous le souhaitiés*, qui marquent la condition de mon voyage, sont une proposition incidante ou accessoire, qu'on peut même nomer *expletive*, parce qu'èle sert a ramplir toute l'idée de celui qui parle.

Ainsi il n'y a que les quatre tems de l'indicatif qui peuvent faire l'atribut ou le principal mot de l'atribut d'une proposition simple. Ces quatre tems peuvent aussi servir a faire la proposition incidante d'une frase composée : par E. *je dis que vous ètes très savant*, *je dis* & *vous ètes* sont tous deus au prèsant de l'indicatif, mais *je dis* est la proposition principale, & *vous ètes très savant* est la proposition incidante ou si vous voulés l'acusatif du Verbe actif *je dis*. Dans la frase que nous avons dêja dite, *j'irois à Rome si vous le souhaitiés*, *j'irois à Rome* est la proposition principale, & les mots *vous le souhaitiés* qui sont joints

par la conjonction conditionèlè *ſi* ſont
a l'imparfait de l'indicatif. Le prètèrit
& le futur de l'indicatif peuvent auſſi
ſervir a former des propoſitions incidantes. Dans cète fraſe, *je vous aſ-
ſurè que je vis hier votre frère*, la propoſition incidante, *je vis hier votre frère*
eſt au prètèrit. Dans cète fraſe, *je
ne ſai, ſi nous irons demain a la campagne*,
la propoſition incidante *nous irons demain
a la campagne* eſt au futur.

Dans les Verbes neutriſés & dans
les paſſivés le Pronom ne ſe prand jamais au Datif, & les Participes qui
ſervent à former leurs parties compoſées ſe dèclinent, c'eſt-a-dire qu'ils
ſont amployés au ſingulier ou au pluriel, au maſculin ou au fèminin, ſelon la nature du Nom ou du Pronom
auquel ils ſe raportent, & l'on dit au
neutriſé *cète fame s'eſt promenée, ces homes
ſe ſont repantis*, & au paſſivé, *ces mar-
chandiſes ſe ſont bien vanduës ; ces grains
ſe ſont debités fort prontemant.*

UTILITÉ DE LA T
du Verbe CANTO.

JE croi qu'il fera utile de faire aprandre aus anfans le Verbe CANTO dans la Table que j'ai dreſſée, parce que dans la ſuite, èle leur fera conoître tous les raports qu'il y a antre les diferantes parties du Verbe ſoit pour leur formaiſon, ſoit pour leur ſignification, ſoit pour leur conſtruction, come je vas le faire voir.

Et quand ils auront apris de cète manière le Verbe CANTO, qui eſt de la prèmière Conjugaiſon, il faut qu'ils aprènent dans le même ordre le Verbe DELEO pour la ſeconde, le Verbe BIBO pour la troiſième, & le Verbe AUDIO pour la quatrième.

Bien antandu qu'ils aprandront ce Verbe

A

Canto dans l'ordre que j'ai prefcrit. C'eft à dire qu'après avoir apris quelques-uns de ces tams on leur faffe expliquer les petites frafes où les Verbes de cète Conjugaifon fe trouvent dans les tams qu'ils ont apris, & font joints d'abord avec des Adverbes, & en fuite avec des Noms, puis avec des Prepofitions, en la manière que j'ai prefcrit dans l'Inftruction gènèrale que j'ai faite pour diriger le Precepteur.

Ma table du Verbe eft partagée par une ligne rouge en deus pages, dont la prèmière contient toutes les parties du Verbe qui fe forment de la prèmière perfone du Singulier du prefant de l'Indicatif, favoir CANTO, la feconde page contient toutes les parties du Verbe qui fe forment de la prèmière perfone du Singulier du prèterit de l'Indicatif, favoir CANTAVI, dans le bas de cète feconde page j'ai mis les parties du Verbe qui font formées du fupin, favoir CANTATUM , & j'ai tiré une ligne noire qui fepare .les parties qui fe forment du fupin d'avec cèles qui fe forment de la prèmière perfone du Singulier du prèterit

de l'Indicatif. Cète diftinction eft tout-
à-fait importante, parce que ces trois mots
CANTO, CANTAVI, & CANTATUM, font
come les trois fources d'où vièment toutes
les parties du Verbe.

Quand on fera bien acoutumé à conoître ces trois parties principales de chaque
Verbe, on formera aifémant toutes les
autres parties : cela fera fur tout d'un grand
ufage à l'égard des Verbes qui ont quelque irégularité dans leur conjugaifon :
quand on faura que DO fait au préterit
DEDI, & au fupin DATUM, on formera
toutes les parties du Verbe DO fans aucune
dificulté : quand on faura que DICO a au
préterit DIXI, & au fupin DICTUM, on
conoîtra fans peine que toutes les parties
du Verbe qui font dans la prèmière page,
doivent avoir un C; que cèles qui font dans
le haut de la feconde page, doivent avoir
un X; & que cèles qui font dans le bas de
la même feconde page, doivent avoir un
CT. Tout de même quand on faura que
FERO a au prèterit TULI, & au fupin LA-
TUM, on tirera de FERO toutes les parties

du Verbe qui font dans la prèmière page
de TULI , toutes cèles qui font dans le haut
de la feconde page ; & de LATUM , toutes
cèles qui font dans le bas , & ainfi des autres.

On remarquera auffi que dans les Verbes de la prèmière conjugaifon qui forment leur prèterit & leur fupin avec quelque irègularité , les parties qui fe forment
de ce prèterit & de ce fupin , fe forment
felon les mèmes changemans & les mêmes
terminaifons, que les parties qui vièrent de
CANTAVI & de CANTATUM. Dans les Verbes de la feconde conjugaifon les parties de
la prèmière page ne fe forment pas de MO-
NEO felon la même analogie , ou felon les
mêmes changemans qui arivèrent dans les
parties qui fe forment de CANTO ; mais
pour ce qui eft des parties de la feconde
page , èles fe forment toujours du prèterit
& du fupin , felon les mêmes changemans
qui arivèrent à cèles qui fe forment de CAN-
TAVI & de CANTATUM : de forte que qui
faura bien fon Verbe CANTO dans toute
fon ètanduë , faura dans toutes les quatre

e conjugaifons toutes les parties de la feconde page, dès qu'il en faura le prèterit & le
fupin, & il n'y aura plus de dificulté que
pour les parties contenuës dans la prèmière
page.

Ainfi il ne fera plus nèceffaire de faire
aprandre aus anfans toutes les parties des
Verbes qui fe forment du prèterit & du fupin dans les autres conjugaifons & dans les
Verbes irèguliers ; ce qui abregera confi-
derablemant les Rudimants.

Cet arangemant remedie ancore à un
autre inconveniant, c'eft que dans les Rudimants ordinaires les tams formés du prèterit font tèlemant confondus avec ceus
qui fe forment du prèfant ; & les parties qui
fe forment du fupin, font auffi tèlemant
mêlées avec cèles qui fe forment du prèfant, qu'il eft tres-dificile aus enfans de les
démêler, & que cela les oblige à une ètude
longue & penible ; au lieu que par la feule
vûë de mon Verbe *Canto* ils les diftingue-
ront fans peine ; ce qui leur fera d'une grande utilité dans toute la fuite de leurs ètu-
des.

Pour avoir une parfaite conoiſſance de la langue Latine, & même pour conoître toutes les autres langues à fond, il eſt ſi important de bien conoître toutes les parties du Verbe & toutes les relations qu'il y a antre ces parties, que je ſouhaite que ceus qu'on inſtruira, ſoient en ètat de conoître la place qu'ocupe chacune des parties du Verbe dans la Table que j'ai fait imprimer en rouge; & pour cela il faut qu'ils s'a-coûtument à marquer avec le doit, ou avec un petit bâton, chacune de ces parties dans la Table, ſoit qu'on nome le tams ou le mœuf, come le prèſant de l'Indicatif, le plus que parfait du Subjonctif; ſoit qu'on nome une partie de quelque Verbe, come *cantaveram, dixiſſem, &c.* Enſorte qu'ils le montrent dans cète Table rouge, come ils montreroient la poſition d'une vile, d'un châtau, d'une montagne &c. dans mes Cartes de Geografie, où il n'y a rien d'ècrit. Quand on aura apris les Verbes actifs des quatre conjugaiſons ſelon mon arangemant, on aprandra de la même manière les Verbes tout-à-fait irèguliers, come Sum, Possum, volo, &

enſuite les Verbes paſſifs & les Verbes dépo-
nans , les diferantes parties de ces verbes
ètant toujours dans le même arangemant
dans lequel èles ſont dans mon verbe CAN-
TO. Et l'on remarquera que dans ces verbes
paſſifs & dèponants toutes les parties qui ſe
forment du prèterit , ſont compoſées du
participe paſſif, avec les parties du verbe
SUM, qui ſe trouvent dans la prèmière page; ce qui montre en paſſant avec combien
de raiſon j'ai mis toutes ces diferantes parties dans la prèmière page.

J'ai mis dans l'Indicatif ſis tams , & je les
ai partagés en 2. colones, en ſorte que
les trois prèmiers font une des colones de
la prèmière page, & les trois autres font une
des colones de la 2 page. Les trois tams d'u-
ne de ces colones repondent ſi parfaitemant
aus trois tams de l'autre , que pour traduire en Franſois les parties de la ſeconde
page, on n'a qu'a voir les parties de la prèmière page qui repondent à cèles qu'on
veut traduire : & ces parties de la prèmière
page on les tirera du Verbe auxiliaire *avoir*,
& on les joindra au participe paſſif Fran-

ſois. Si j'ai à traduire en Franſois le mot latin *Cantavi*, je voi que ce mot eſt dans la ſeconde page de mon Verbe *Canto* & qu'il
eſt au prèterit parfait de l'Indicatif , je
regarde quel tams de la prèmière page repond au prèterit parfait, je trouve que c'eſt
le prèſant de l'Indicatif: je prans le prèſant
de l'Indicatif du Verbe auxiliaire *avoir*, je
trouve que c'eſt *j'ai*, je joins le mot *j'ai* au
participe paſſif qui eſt *Chanté*, & je dis *j'ai
chanté*. Où l'on voit que je me ſers du
Verbe auxiliaire *avoir*, pris au prèſant pour
traduire le prèterit *Cantavi* : tout de même
pour traduire *Cantaveram*, qui eſt de la ſeconde page, & qui eſt au plus que parfait,
je n'ai qu'à prandre la partie de la prèmière
page, qui eſt vis-à-vis du plus que par fait,
cète partie eſt l'imparfait: c'eſt pourquoi je
prans l'imparfait du Verbe *avoir*, qui eſt le
mot *J'avois*, je le joins au participe paſſif, qui eſt *chanté*, & je dis, *j'avois chanté*.
Tout de même je traduïrai *Cantavero* par
J'aurai chanté. Ce que je viens de dire
peut faire voir avec combien de raiſon j'ai
placé *Cantavero* dans l'Indicatif au lieu

que les Granmaires ordinaires le mètent au ſubjonctif, je dis les Granmaires ordinaires , car pour cèle du Port Royal, dont les Auteurs avoient de la Granmaire une conoiſſance plus exacte & plus raiſonable que les faiſeurs de Rudimans ordinaires , il paroît qu'ils le conoiſſoient come un des tams de l'Indicatif, quoi qu'ils ne l'aient pas dit poſitivemant. Dans la ſuite je ferai voir par pluſieurs autres raiſons que *Cantavero* que j'ai nomé prèterit futur , eſt rangé parmi les tams de l'Indicatif avec autant de raiſon que *Cantaveram*.

L'arangemant que j'ai ſuivi dans ma table du Verbe *Canto* eſt ancore d'un grand uſage dans l'intelligence & dans la traduction des tams du ſubjonctif; j'ai mis le prèſant du ſubjonctif vis-à-vis du prèſant de l'Indicatif, l'imparfait du ſubjonctif vis-à-vis de l'imparfait de l'Indicatif, par ce que c'eſt le même tams , à quelque choſe prés , & ſouvant la même choſe pour les ſens : de ſorte qu'il y a beaucoup d'ocaſions où pour traduire un tams du ſubjonctif latin, il faut que je prène le même tams dans l'Indicatif Fransois. Si je trouve en latin, *si cantarem* qui est à l'imparfait du subjonctif, il faut que je prène l'imparfait de l'Indicatif Fransois, & que je dise, *si je chantois* : tout de même pour traduire *Cum cantarem*, il faut que je dise, *lors que je chantois* : tout de même dans les tams de la seconde page, *si cantavissem*, le plus que parfait du subjonctif se traduit par le plus que parfait de l'Indicatif, *si j'avois chanté*. La même chose arive avec le mot *Utrum*, *quæris utrum cantem*, vous demandés si je chante, *utrum cantaverim*, si j'ai chanté, *utrum cantarem*, si je chantois, *utrum cantavissem*, si j'avois chanté ; où l'on voit que je traduis toûjours les tams du subjonctif latin par les tams de l'Indicatif Fransois qui leur repondent dans ma table.

A propos de cèt *Utrum*, il se presante une frase, qui est une nouvèle preuve, que j'ai eu raison de mètre *Cantavero* dans l'Indicatif, & que ce n'est pas un futur du subjonctif. Nous venons de voir que pour dire en latin, vous demandés si je Chante bien, il faut se servir du préſant du ſubjonctif, & dire, *Quæris utrum cantem bene* , où l'on voit que le préſant du Franſois, ſi je Chante, ſe traduit par le ſubjonctif latin , *utrum cantem :* ſi au lieu de mètre ma fraſe au préſant je la mets au futur , je dirai, vous demandés ſi je chanterai demain , où l'on voit que je me ſers en Franſois du futur de l'Indicatif. Pour traduire cète fraſe en latin par la Conjonction *utrum* , il faudra que je me ſerve du futur du ſubjonctif, en cas que les Verbes latins aient un futur du ſubjohctif : de ſorte que ſi le mot de *Cantavero* ètoit le futur du ſubjonctif, je dirois ſans dificulté, *Quæris utrum cantavero cras,* pour dire, vous demandés ſi je chanterai demain , mais ce ſeroit mal parler ; & parce que le Verbe latin n'a point propremant de ſubjonctif futur, je ſuis reduit à me ſervir d'une eſpece de perifraſe & à dire, *Quæris utrum cantaturus ſim cras,* me ſervant de *Cantaturus ſim* pour tenir la place du futur du ſubjonctif, qui ne ſe trouve dans aucun Verbe latin.

Que ſi le Verbe latin n'avoit point de

ſupin, & que par conſequant il n'eût point
de participe futur pareil à *Cantaturus*, il
faudroit me ſervir d'une autre pèrifraſe.
Par example, *Volo*, n'a ni ſupin, ni participe
futur : ſi je veus mêtre en latin cète fraſe
Franſoiſe, *je ne ſai ſi tu voudras venir demain*, ce mot, *tu voudras*, qui eſt au futur
de l'Indicatif en Franſois, ètant traduit par
une fraſe latine, doit être randu par quelque choſe d'èquivalant à un futur du
ſubjonctif : *volo* non plus que les autres
verbes latins, n'a point de futur du ſubjonctif, & *voluero* n'en eſt nullemant un,
je cherche une expreſſion qui ſoit èquiva-
lante à un futur du ſubjonctif : je ne ſau-
rrois me ſervir du participe futur, come j'ai
fait, en me ſervant de *Cantaturus*, parce
que *volo* n'a point de participe futur : ainſi je ſuis obligé à dire, *Neſcio utrum futu-
rum ſit ut velit cras venire.*

Le règime de la conjonction *an* eſt tout
de même que celui de la conjonction
utrum.

Et pour voir avec combien de raiſon
les parties de la ſeconde page ont èté mi-

ſes vis-à-vis de cèles de la prèmière, remarqués que les conjonctions qui ſe
conſtruiſent avec un tams de la prèmière
page, ſe conſtruiſent auſſi avec le tams qui
lui répond dans la ſeconde page. *Si* ſe
conſtruit avec *cantarem*, qui eſt de la prèmière page, il ſe conſtruira auſſi avec *can-
taviſſem* de la ſeconde page.

Et ces raports, que ces tams ou ces diverſes parties du verbe ont les unes avec
les autres dans le Latin, èles les ont auſſi
dans les autres langues : ce qui fait que
ceus qui feront acoûtumés à l'ordre dans lequel j'ai arangé les diverſes parties du verbe latin, trouveront une grande facilité
dans les autres langues, ſoit pour les aprandre, ſoit pour en juger.

Ma Table du Verbe *Canto* peut ſervir
pour faire comprandre l'ordre dans lequel
il faut aranger tous les Verbes : de quelque nature qu'ils ſoient, règuliers ou irèguliers, actifs, neutres, & même paſſifs,
il faut toujours le même arangemant pour
les meufs, les tams, les nombres, les perſones, & pour les autres parties des Verbes

qui n'ont propremant ni tams ni meufs, ni nombres, ni perfones.

J'ai choifi le Verbe *Canto* pour mon prèmier example , & pour parler come quelques Granmairiens, pour Paradigme, & cela par plufieurs raifons. Prèmièremant, il eft de la prèmière Conjugaifon, & cète Conjugaifon a un plus grand nombre de Verbes que les autres, & èle a moins d'irègularités que les autres; ainfi il eft plus utile de la bien favoir.

Secondemant le Verbe *Canto* eft de tèle nature, qu'il fe peut amployer fans regir un acufatif, come les Verbes neutres, par exam- ple *Cantas bené*; & l'on peut l'amployer avec un acufatif *Canto himnum*, ainfi il peut four- nir un plus grand nombre d'examples pour exercer l'Ecolier ; & outre cela on peut s'en fervir pour faire voir ce que c'eft qu'un Ver- be actif & un Verbe neutre, ou anployé come un neutre.

Troifièmemant il y a affés de lètres qui ne changent point pour faire remarquer à ceus qui ètudient, que dans les Verbes il y a une partie du mot, une partie des lètres qui compofent le mot, à laquèle il n'arive

aucun changemant par la Conjugaiſon, &
qu'il y a d'autres lètres qui changent ſelon
les meufs, les tams, les nombres, les perſones, & ſelon les autres parties qui n'ont
ni meuf ni nombre, &c.

A ce propos remarqués que dans toute-
te cète Table j'ai ècrit en lètres carées ou
capitales CANT, parce que dans toutes les
parties de ce verbe ces quatre lètres demeurent toujours invariablemant. Remarqués
auſſi que dans le haut de la 2. page j'ai mis
en petite lètres Capitales A V, parce que
dans tous les tams qui ſont formés du prèterit, deus lètres ne varient point, & que
dans le bas de la même ſeconde page j'ai
mis auſſi en petites lètres Capitales AT,
parce que dans toutes les parties formées
du ſupin, ces deus lètres demeurent toujours. Dans les parties de la prèmière page,
je n'ai point mis de petites lètres Capitales
après CANT, parce qu'il n'y a que ces quatre
lètres qui ne changent point dans les parties du Verbe qui ſont formées du prèſant
de l'Indicatif.

On obſervera à peu près la même

chofe dans tous les autres Verbes , je
dis à peu près , parce qu'il y a des Verbes
qui gardent dans toute la prèmière page
des lètres qui ne font pas dans toute la feconde; par example le Verbe *Dico*, garde
un C dans les parties de la prèmière page ,
au lieu que dans les tams formés du prèterit
qui font dans le haut de la 2. page il y a
toujours un X , & que dans les parties formées du fupin il y a toujours CT. Tout de
même dans le Verbe *Nubo* il n'y a un B que
dans les parties de la prèmière page : &
& dans cèles de la feconde il y a P S dans
les parties formées du prèterit, & PT dans
les parties formées du fupin. Cète diferance
des petites lètres Capitales qu'on peut a-
pèler les caractèriftiques des trois parties du
Verbe, font de quelque utilité dans la for-
maifon des dèrivés. Ces dèrivés fe forment ou du prèfant ou du fupin; ceus qui
fe forment du prèfant, gardent la caractèriftique du prèfant, & ceus qui fe forment du
fupin, gardent la caractèriftique du fupin.
Par example , du Verbe *Nubo* fe forme
Nubilis; ce mot eft formé du prèfant, &

garde

garde le B , qui eſt la caractèriſtique de la première page : le mot *nuptiæ* ſe forme du ſupin, & garde P T, qui ſont les Caractèriſtiques du ſupin. Il en eſt de même de tous les autres verbes , ils forment leurs dèrivés ou du prèſant ou du ſupin.

J'ai dit qu'il ètoit à propos de faire voir aus anfans tous les Verbes des autres Conjugaiſons , & même les irèguliers & les paſſifs dans le même arangemant dans lequel ils auront vu le Verbe *Canto*, pour èviter l'inconvèniant qu'il y a à leur faire ètudier ces Verbes dans l'ordre où ils ſont dans la plupart des rudimants. Un anfant qui a vu le prètèrit *d'Amo* au bas d'une page, & qui voit celui de *deleo* au haut d'une page; qui aura vu le prèterit *d'amo* au *recto* d'une page, & qui voit celui de *Deleo* au *Verſo* d'une page, ne les regarde plus come des tams de même nature. Ces circonſtances de l'androit du livre où les anfans ont apris une choſe, s'impriment dans leur mèmoire en même tams que les mots qu'ils aprènent; & dès qu'ils trouvent de la diverſité dans ces circonſtances, ils ſont por

B

pouvoir du Legiſlateur ; & ainſi èles peu-vent avoir un impèratif aus troiſièmes per-ſones. Il y a pluſieurs de ces mots pris des lois, qui ont paſſé dans l'uſage ordinaire : c'eſt pourquoi je les ai mis dans ma Table,

Ces terminaiſons en TO, TOTE, & NTO, ſont des terminaiſons puremant Grèques, & je ne doute point qu'èles n'aient paſſé de Grece à Rome avec les fa-meuſes douze Tables, & que ce ne ſoit là ce qui a fait qu'èles ſont en uſage princi-palemant dans les lois.

J'aimis au bas des deus pages les gerondifs, les participes & les ſupins, parce qu'ils n'ont point de meufs, ni de perſones, ni même de tams, ſi l'on en excepte le participe, qui a un futur ; & on peut dire que ce ſont des noms formés du verbe, dont quelques-uns ſont adjectifs & ont des cas, des nom-bres, des genres, come les autres adjectifs, & les autres ſont des eſpèces de ſubſtantifs, quoi qu'ils n'aient pas tous les cas & tous les nombres come les ſubſtantifs ordinaires.

Dans ma Table du Verbe *Canto* j'ai ajouté aus difèrantes parties du Verbe latin , ou aus diférans mots ou inflexions, qui compofent toute la Conjugaifon du Verbe latin , les mots Franfois par lefquels on les traduit ordinairemant, quoique je fache bien que fouvant on les traduit par d'autres mots : car, par exanple, dans ces mots, *Si cantarem , cantarem* ne fe traduit pas par les mots *je chanterois* , qui y répondent dans ma Table , mais par *je chantois*, & l'on dit *fi je chantois* : tout de même dans ces mots *Cantemus laudes Domini* , je ne traduits pas *Cantemus* par *que nous chantions*, qui y répondent dans ma Table , mais par *chantons*, & je dis, *Chantons les louanges du Seigneur*. Je n'ai donc mis dans ma Table que les mots Franfois qui répondent le plus ordinairemant aus mots latins, & l'on aprandra par la fuite de mes inftructions les ocafions où il faut en anployer d'autres que ceus qui font dans ma Table. Tous ceus qui ont jufqu'ici compofé des Rudimans & des Granmaires en ont ufé de la même manière, & ce n'eft que par une ètude plus ètandue qu'on peut aprandre de quels mots Fran-

fois il faut fe fervir pour la traduction des
mots latins, felon les autres mots aufquels
ils font joints, & felon les ocafions dans
lefquèles ils font anployés.

DES PRINCIPALES P[ARTIES]
DU DISCOUR[S]

DE quelque Langue que nous nous
ſervions, notre Diſcours eſt deſtiné
à dire quelque choſe de quelque ſujet,
& ce ſujet eſt ordinairemant un home,
ne perſone ; c'eſt pourquoi je me ſer-
vrai ſouvant du mot de perſone.

Les Filoſofes noment *ſujet* la perſone,
ou la choſe dont on parle, & ils apèlent
atribut ce que l'on dit de ce ſujet là, par
example dans cète fraſe , *Piére chante*,
Piére eſt le ſujet, *chante*, eſt l'atribut.

Nous dirons dans la ſuite de quels mots
les Granmairiens ſe ſervent au lieu de
ceus de ſujet & d'atribut.

Puiſque la parole qui eſt l'objet de la
Granmaire, eſt come la peinture de la pan-
ſe , & que la Logique eſt l'art de panſer,
qu'on ne s'ètone point ſi en traitant de la
Granmaire, qui a pour objet la parole, je

me sers de quelques termes qui conviènent à la Logique, qui a pour but d'anseigner la manière de bien panser.

Le sujet est toujours exprimé par un nom, & l'atribut par un Verbe, come dans l'example que je viens de propofer, *Piére* est un nom, & *chante* est un Verbe.

Quelquefois le fujet est exprimé par plufieurs mots, par example dans cète frafe, *mon frère aîné chante*, ces trois mots *mon frère aîné*, marquent le fujet, & le mot *chante*, marque l'atribut.

Quelquefois l'atribut est exprimé par plufieurs mots, par example dans cète frafe, *Piére chanta hier agrèablemant*, ces trois mots *chanta hier agrèablemant*, marquent l'atribut.

Quelquefois & le fujet & l'atribut font exprimés chacun par plufieurs mots, par example dans cète frafe, *mon frère aîné chanta hier fort agrèablemant*, les trois prèmiers mots marquent le fujet, & les quatre fuivans marquent l'atribut.

Mais de quelques mots que foit com-

posée une frase , le nom & le Verbe sont
toujours les plus essentiels , & ceus qu'il
faut conoître les prèmiers , quelque Langue que l'on ètudie.

Des Pronoms Persònels.

Le sujet est quelquefois exprimé par
son nom, come dans cète frase *Piére chante* , quelquefois il est exprimé par un petit mot qu'on met a la place du nom propre , & qu'on nóme a cause de cela *Pronom*, quand je dis *je chante* , le petit mot
je est mis a la place de mon nom propre,
quand je dis *tu chantes* , le petit mot *tu* est
un Pronom , qui est mis a la place du nom
propre de la persone a qui je parle. Quand
après avoir parlé d'un home , je dis *il
chante* , le petit mot *il* , est mis a la place
du nom propre de la persone dont je parle. Nous vêrons dans la suite les autres
Pronoms de cète nature.

On les nóme *Pronoms persónels* , parce
qu'ils sont mis a la place du nom d'une
persone. A ij

Le nom & le Verbe font les parties principales du Difcours, & fans lefquèles on ne fauroit former un difcours complet, ou une propofition complète (fous le nom je comprans le pronom perfonel qui n'eft qu'un mot mis a la place d'un nom qui fignifie ou un home, ou une chofe.) Les déus parties principales du difcours ou de la propofition, font le nom qui done l'idée de la perfone dont on parle, ou du fujet de la propofition, & le Verbe qui aide a former l'idée de ce qu'on dit de ce fujet, eft l'atribut de la propofition.

Des Modificatifs.

A ces deus mots, favoir le nom & le Verbe, qui font abfolumant nèceffaires pour former une propofition, nous en ajoutons plufieurs autres dans nos difcours pour joindre de nouvèles idées a cèles que donent le nom & le Verbe, & ces nouvèles idées qu'on peut nomer *idées acceffoires*, font les unes des *idées dètermina-*

tives, d'autres des idées qui marquent les circonſtances, &c. Ces idées acceſſoires ſont exprimées par des mots, dont les uns ſont ou des noms ou des Verbes, les autres ne ſont ni noms ni Verbes, quelques gens les noment *Modificatifs*, d'autres leur peuvent doner d'autres noms, nous tâcherons dans la ſuite a les faire conoître, on peut même mètre au rang des idées acceſſoires ou modificatives, les propoſitions que je nome *propoſitions incidantes*. Dans cète fraſe *le Cheval de Filipe eſt beau*, *Cheval* eſt le ſujet, *eſt beau* eſt l'atribut, & les mots *le* & *de Filipe* ſervent a dèterminer l'idée du Cheval, & a faire conoître quel eſt le Cheval de qui je dis qu'il eſt beau. Voila une idée qu'on peut nomer *dèterminative*. Si je dis *Jâques chante bien*, *Jâques* eſt le ſujet, *chante* eſt l'atribut, & le mot *bien*, qui fait conoître la manière dont Pière chante eſt un *modificatif*. Si je dis, *Charlote chante avec grace*, *Charlote* eſt le ſujet, *chante* eſt l'atribut, & les mots *avec grace*, ſont un *modificatif*,

A iij

puifqu'ils font conoître la manière dont Charlote chante. Si je dis *Filipe eft charitable , quoiqu'il ne foit pas riche ,* Filipe eft le fujet , *eft charitable ,* eft l'atribut , & les mots *quoiqu'il ne foit pas riche* font une propofition incidante ou acceffoire , qui avec la propofition principale ne forment qu'une frafe. Dans la fuite je parlerai plus au long de tous les difèrans mots & des difèrantes frafes qu'on peut joindre dans le difcours aus propofitions principales.

Des perfones du Verbe.

Come la plupart des Verbes expriment des actions ou des chofes qui font regardées a peu près , come des actions , je me fervirai fouvant du mot d'action en expliquant les difèrantes parties du Verbe.

Quand l'action eft faite par la perfone qui parle , on dit que le Verbe eft a la prèmière perfone , par example quand je dis , *je chante,* c'eft moi qui parle qui fais l'action de chanter , ainfi le Verbe eft a la prèmière perſone.

Quand l'action eſt faite par la perſone a qui l'on parle, le Verbe eſt a la ſeconde perſone, par example, ſi je dis, *tu chantes*, c'eſt la perſone a qui je parle qui fait l'action de chanter, le Verbe eſt a la ſeconde perſone.

Quand la perſone qui fait l'action n'eſt ni cèle qui parle, ni cèle a qui l'on parle, le Verbe eſt a la troiſiême perſone, par example quand je dis *Piére chante*, ou *il chante*, celui qui fait l'action de chanter n'eſt ni moi qui parle, ni celui a qui je parle, le Verbe eſt a la troiſiême perſone. Voila ce qu'on apèle les trois perſones du Verbe, prèmière, ſeconde & troiſiême.

Des deus nombres du Verbe.

Quand l'action n'eſt faite que par une perſone, come dans les examples que nous venons de voir, on dit que le Verbe eſt au ſingulier, mais ſi l'action eſt faite par deus perſones, ou par plus de deus, on

A iiij

dit que le Verbe eſt au pluriel, & ce pluriel a trois perſones, auſſi bien que le ſingulier , come nous alons voir.

Quand la perſone qui parle eſt du
nombre de cèles qui font l'action, on dit
que le verbe eſt a la prèmière perſone du
pluriel, par example dans ces fraſes, *Piére
& moi nous chantons* , ou *toi & moi nous
chantons* , moi qui parle je ſuis du nombre
de ceus qui font l'action de chanter , ainſi
le verbe eſt a la prèmière perſone du pluriel.

Quand la perſone a qui l'on parle eſt
du nombre de cèles qui font l'action, &
que la perſone qui parle n'en eſt pas , on
dit que le verbe eſt a la ſeconde perſone
du pluriel , par example dans cète fraſe ,
Piére & toi vous chantés , la perſone a qui
je parle eſt du nombre de cèles qui font
l'action, & moi qui parle je n'en ſuis pas,
ainſi le verbe eſt a la ſeconde perſone du
pluriel. Si la parole s'adreſſe à pluſieurs
perſones qui toutes faſſent l'action, on dit
auſſi que le verbe eſt a la ſeconde perſone

du pluriel, par example quand je dis *vous*
quatre vous chantés, les quatre perſones a
qui je m'adreſſe font l'action de chanter,
le Verbe eſt a la ſeconde perſone du pluriel. Si la perſone qui parle & cèle a qui
l'on parle ne ſont point du nombre de
cèles qui font l'action, le verbe eſt a la
troiſiême perſone du pluriel, par example dans ces fraſes *Piêre & Paul chantent*,
ces quatre Muſiciens chantent, moi qui parle & celui a qui je parle ne ſomes point
du nombre de ceus qui font l'action de
chanter, ainſi le verbe eſt a la troiſiême
perſone du pluriel.

Voila ce qu'on apèle les deus nombres
dans les verbes, le nombre ſingulier & le
nombre pluriel.

Voici tout d'une vuë ces trois perſones & ces deus nombres.

SINGULIER.

1re. Perſone . . . . Je chante
2e. Perſone . . . tu chantes
3e. Perſone . . . . . il chante

PLURIEL.

1ʳᵉ. Perſone . . . nous chantons
2ᵉ. Perſone . . vous chantés
3ᵉ. Perſone . . ils chantent.

Remarqués qu'en Franſois quoiqu'on
ne parle qu'a une ſeule perſone , la politeſſe veut qu'ordinairemant on ſe ſerve
de la ſeconde perſone du pluriel , au lieu
de la ſeconde du ſingulier , & je dirai ,
Monſieur vous chantés fort bien , & non pas
Monſieur tu chantes fort bien. Les Latins
en uſent autremant & ſe ſervent toujours
du ſingulier en parlant a une ſeule perſone quand ils parleroient a un Roi , ou a
Dieu même , & cète manière de parler a
été imitée par quelques Poëtes Franſois.

Des Pronoms perſonels.

Dans les Examples que nous venons
de voir nous nous ſomes ſervis des trois

Pronoms perſonels pluriels, *nous*, *vous*,
ils, voici d'une ſeule vuë les ſis pronoms
perſonels.

PRONOMS PERSONELS.

Singuliers.	Pluriels.
Je	*nous*
tu	*vous*
il, *èle*	*ils*, *èles*.

Quand on parle d'un home on dit *il*,
quand on parle de pluſieurs on dit *ils*,
mais ſi l'on parle d'une fame, on dit *èle*,
& ſi l'on parle de pluſieurs fames on dit
èles. Mais ordinairemaɲt les Granmairiens
dans les examples qu'ils propoſent ne ſe
ſervent que de *il* & *ils* pour être plus
courts.

A ces pronoms perſonels il faut ajouter le mot *on*, c'eſt propremant un Pronom perſonel indèfini qui ſignifie une ou
pluſieurs perſones indèfinimant indèter-

minèmant, quand je dis *on a chanté*, *on en parlera*, cela se peut antandre d'une ou de plusieurs persones qui ne sont point dèsignées, qui ne sont point dèterminées, & quoique cet *on* signifie quelquefois plusieurs persones, il ne se joint jamais qu'avec la troisième persone du singulier du verbe, par example, *on courut de toutes parts pour voir cète merveille, on y ala en foule*, ce Pronom personel indèfini ne se trouve point dans la Langue Latine, & pour y suplèer les Latins sont obligés a se servir d'autres termes.

Remarqués que les Pronoms personels *je*, *tu*, *nous*, *vous*, *on*, s'amploient sans avoir èté prècèdés d'aucun autre nom, & que je dirai fort bien, *je chante*, *tu chantes*, *nous chantons*, *vous chantés*, *on chante*, &c. sans qu'il ait èté ancore question ni de moi qui parle, ni de ceus a qui je parle, ni des persones indèfinies signifiées par le mot *on* ; mais pour les Pronoms *il*, *ils*, *èle*, *èles*, on ne les amploie jamais a moins qu'on n'ait dèja parlé de la persone ou des perſones qui font l'action, ainſi quand j'aurai dêja parlé de Piêre je dirai fort bien *il ala en tel lieu*, *il fit tèle choſe*, quand j'aurai parlé de Marguerite je dirai fort bien *èle ètoit devote*, quand j'aurai parlé de trois Muſiciens je dirai fort bien *ils chantoient agrèablemant*, de ſorte qu'on peut nomer les pronoms *je*, *tu*, *nous*, *vous*, *on*, des *pronoms perſonels abſolus*, parce que je puis m'en ſervir ſans avoir nomé ni moi qui fais l'action, ni ceus a qui je parle, ni les perſones indèfinies ſignifiées par le mot *on*, & l'on peut nomer les pronoms, *il*, *ils*, *èle*, *èles*, des *pronoms perſonels dèpandans*, parce qu'ils ne viènent qu'a la ſuite des noms propres des perſones, on pouroit auſſi les nomer des *pronoms perſonels rèlatifs*, mais come il y a une autre ſorte de pronoms que les Granmairiens noment *pronoms rèlatifs*, j'aime mieus nomer ceus ci des *pronoms perſonels dèpandans*, l'abrègé de la nouvèle mètode Latine de Port Royal page 33. les nome des *pronoms adjeĉtifs*.

Les Granmairiens apèlent nominatif du

Verbe, ce que nous avons apèlé jufqu'ici *le fujet*, a la manière des Filofofes.

Les diferantes terminaifons des fis mots, dont j'ai dit qu'on fe fert pour marquer les diferantes perfones & les diferans nombres du Verbe, fe noment auffi *inflexions*.

Cèles que nous avons vuës jufqu'ici du Verbe *chanter*, favoir

Je chante
tu chantes
il chante.

nous chantons
vous chantés
ils chantent.

forment ce qu'on apèle en Granmaire le *tems prèfant*, parce qu'on s'en fert pour marquer l'action come fe faifant dans le tems auquel on parle.

SVR LA COMPARAISON
de la Langue Franſoiſe avec les autres Langues.

VOus voulés une comparaiſon antre notre Langue, & la plupart de cèles que nous conoiſſons, cela demande une conoiſſance aſſés exacte du genie & des diverſes parties de chacune de ces Langues. Tout cela eſt au deſſus de mes forces, cependant puiſque vous le voulés je vas ècrire quelque choſe ſur cète matière, un autre fera ſans doute mieus.

Je croi qu'il faut prandre ce deſſein par parties, examiner d'abord les Langues par raport a la Granmaire, anſuite par raport au Dictionaire, & pouſſer la recherche jufqu'a la Rètorique & a la poetique. Dans la Granmaire examiner les diverfes parties l'une après l'autre, les verbes, les noms, les autres parties du difcours qu'on apèle les parties de l'Oraifon, & la conftruction des mots qu'on nome fintaxe.

Dans le Dictionaire examiner les mots qui font racines, ceus qui font dèrivés, ceus qui font compofés. Dans la Rètorique & dans la poetique la nature & le ftile des divers difcours ou autres ouvrages de profe ou de vers.

J'aurois pu comancer cète comparaifon des Langues par l'examen de fons fimples dont fe fert chacune de ces Langues, par les caractères dont èles fe fervent pour marquer ces fons, & par le raport qu'il y a antre ces fons & ces caractères, & examiner les chifres ou les lètres dont on fe fert pour marquer les nombres, ce qui fait partie de l'ècriture. Mais j'ai dèja affés parlé des fons & des caractères par raport a la Langue Franfoife dans mes Effais de Granmaire, je pourai dans la fuite ètandre cet examen jufqu'aus autres Langues.

Préfantemant je me contanterai de comparer les verbes Franfois avec ceus des autres Langues, après quoi j'irai aus noms, aus pronoms & a tout le refte de la Granmaire, pour venir anfuite aus autres chofes que je croi nèceffaires pour faire une comparaifon un peu exaċte antre notre Langue & les autres.

CONSIDERATIONS SUR LES

diverses manières de conjuguer des Grecs, des Latins, des Franſois, des Italiens, des Eſpagnols, des Alemans &c.

DES PERSONES DU VERBE.

LEs Grecs, les Latins, les Franſois &c. ne conoiſſent que trois perſones, la prèmière, la ſeconde, & la troiſiême.

Les Hebreus ont une inflexion particulière quand la troiſiême perſone eſt pour une fame, & pour dire *èle a chanté*, ils ont une dèſinance ou une eſpece de terminaiſon difèrante de cèle dont ils ſe ſervent pour dire *il a chanté*. Cête

A

difèrance de dèfinances pour les maf-
culins & pour les fèminins feroit peut-
être nèceffaire dans la langue greque
& dans la langue latine qui ne diftin-
guent les trois perfones du Verbe que
par fa dèfinance fans fe fervir des pronoms perfonels: au lieu qu'on peut ai-
fèmant s'en paffer dans la langue Franfoife & dans les autres langues de l'Eu-
rope Occidentale come l'Alemande ,
l'Italiène, l'Efpagnole , ou les trois perfones du Verbe font diftinguées non-
feulemant par la dèfinance du Verbe
mais auffi par le pronom perfonel, *je*, *tu*,
il, *èle*, qui marquent fufifamant la difèrance du mafculin au fèminin. A bien
examiner la chofe on vêra que dans
la compofition du mot qu'on trouve
dans les Granmaires des Hebreus ils
n'ont fait qu'un feul mot des lètres qui
marquent le pronom perfonel , & de
cèles qui marquent l'action , au lieu
qu'en Franfois nous mètons le pronom
perfonel feparé du mot qui marque l'action *il chante*, *èle chante*.

En Franſois dans les parties compoſées de tous nos Verbes qui ſe ſervent de l'auxiliaire *être*, il y a de la diſèrance antre la manière dont nous exprimons ce qui regarde le fèminin & cèle dont nous exprimons le maſculin, *il a èté loué*, *èle a èté louée* : & cela non-ſeulemant lorſque ce ſont de purs paſſifs, come *il a èté loué*, *èle a èté louée*, mais auſſi lorſque ce ſont de ces Verbes neutres qui forment leurs parties compoſées par le moyen de l'auxiliaire *être*, & que ce ſont des Verbes qu'on pouroit nomer des neutres paſſifs, come *venir*, qui fait *il eſt venu*, *èle eſt venue*, ou de ces Verbes qu'on peut nomer *pronominaus*, *èle s'eſt louée*, *il s'eſt loué*. Mais dans le cas de ces pronominaus, il faut prandre garde que cète diſèrance n'arivera que lorſque le pronom perſonel eſt a l'acuſatif, come *il s'eſt loué*, *èle s'eſt louée*, mais ſi le pronom perſonel ètoit au datif, come dans *je m'imagine*, qui ſignifie *j'imagine à moi*, alors ſoit qu'il

A ij

s'agiſſe d'un home ſoit qu'il s'agiſſe d'une fame , cela s'exprimera de la même manière , & l'on dira *il s'eſt imaginé, èle s'eſt imaginé.* Ce que je dis là doit être fort ſoigneuſemant remarqué , & faute d'y faire atantion des gens qui d'ailleurs ne parlent & n'ècrivent pas mal diſent *èle s'eſt imaginée.* Ceus qui font cète faute pour le ſèminin en font une pareille au pluriel ; & diſent , *ces homes ſe ſont imaginés , & ces fames ſe ſont imaginées* , au lieu de dire *ces homes ſe ſont imaginé , & ces fames ſe ſont imaginé* , ne prenant pas garde que le pronom *Se* n'ètant pas a l'acuſatif, & ne marquant pas que la perſone qui fait l'action ſoit le ſujet ſur qui tombe l'action , le participe *Imaginé* ne doit avoir ni genre ni nombre. Au lieu du verbe *Imaginer* mètons un autre verbe qui a ancore plus clairemant une ſignification active & le joignons au pronom perſonel mis au datif, *èle s'eſt doné un grand coup , èle s'eſt doné un beau caroſſe* , ce ſeroit mal parler de dire *èle s'eſt donée un grand coup*, *èle s'eſt donée uu beau caroſſe*. Cète èquivoque vient de ce que nos pronoms perſonels *Me*, *Te*, *Se*, ſont les mêmes au datif & a l'acuſatif. Pour les Latins qui ont *ſibi* pour le datif & *ſe* pour l'acuſatif, ils ne tombent pas dans cet inconveniant, ils diront au datif, *ſibi dedit licentiam*, il s'eſt doné, *èle s'eſt doné la licence*, *la permiſſion*, mais a l'acuſatif ils diront *ſe dedit Deo*, il s'eſt doné a Dieu, èle s'eſt donée à Dieu.

DES NOMBRES.

Le Franſois & le Latin ont deus nombres, les Grecs y ajoutent un duel quand il ne s'agit que de deus perſones, les peuples qui ſe ſervent de la langue Eſclavane come les Polonois ont auſſi des duels dans leur Granmaire quoiqu'ils s'en ſervent raremant.

DES TEMS.

Pour les Tems les Grecs en mètent juſqu'a neuf,

Le Préſant.
L'Imparfait.
Le Préterit.
L'Aoriſte prèmier.
L'Aoriſte ſecond.
Le Pluſque-parfait.
Le Futur prèmier.
Le Futur ſecond.
Le paulopoſt Futur.

Ces deus Aoriſtes ranferment quelques idées du Préterit , mais nos plus
habiles Granmairiens ont bien de la peine a marquer les diférances dèlicates
qu'il y a antre le Préterit & ces deus
Aoriſtes , ils ont auſſi bien de la peine
a marquer la diférance qu'il y a antre
les deus Futurs.

Les Latins ne mètent que cinq tems.
Le Préſant.
L'Imparfait.
Le Préterit.
Le Pluſque-parfait.
Et le Futur.

J'en ai mis fis dans mon Indicatif latin, & j'ai prouvé dans mon difcours fur la table du verbe Canto que le préterit futur doit être mis dans l'indicatif, & y faire un fifiême tems, quoique les Granmairiens ordinaires l'aient mis dans le fubjonctif.

Les Franfois n'ont dans l'indicatif que quatre tems fimples.

Je perds.
Je perdis.
Je perdrai.
Je perdois.

Ils en ont quatre compofés.

J'ai perdu.
J'eus perdu.
J'aurai perdu.
J'aurois perdu.

Et outre cela ils en ont de furcompofés, come *j'ai eu perdu, quand j'ai eu perdu mon argent, j'ai quité le jeu.*

Je ne voudrois pas affurer que nous

aïons quatre de ces tems furcompofés, car s'ils font dans notre langue, il y en a qu'on amploie fi raremant, que je ne fai fi on les doit mètre dans la Granmaire,

Il y a auffi des furcompofés au fubjonctif, come *j'aurois eu fini ma lètre affés-tôt pour vous aler voir, fi je n'avois pas été interompu* , les ocafions d'amployer ces furcompofés font fort rares, ce qui fait que quelques Granmairiens ne les content pas pour des tems de la Granmaire Franfoife.

DES MOEUFS.

Les Granmaires greques mètent fis mœufs.

> L'Indicatif.
> Le Subjonctif.
> L'Optatif.
> L'Imperatif.
> L'Infinitif.
> Et le participe.

Et dans ces fis mœufs ou modes ils

ont à peu près autant de tems difèrans que dans l'indicatif.

Il y a des Granmaires latines qui mè- tent les mêmes mœufs, come le Codret.

La nouvèle Mètode latine ne diſtin- gue pas l'optatif du ſubjonctif, pour moi je ne conte pour des mœufs parfaits que l'indicatif & le ſubjonctif, tant en latin qu'en franſois. Car prèmièremant je ne regarde pas les participes, come un mœuf du verbe, mais come des adjectifs ver- baus ; l'infinitif eſt plutôt un ſubſtan- tif indèclinable qu'un veritable mœuf ; pour l'imperatif qui n'a pas toutes les trois perſones, je ne le regarde pas come un véritable mœuf ; & pour l'optatif je n'en fais pas un mœuf difèrant du ſub- jonctif.

Il y a des Granmáiriens come Voſ- ſius qui ont fait pluſieurs mœufs du ſub- jonctif, un *ſupoſitif*, un *conditionel*, un *conceſſif*, &c. qui tous pourt nt retom- bent dans les mêmes terminaiſons rais ce n'eſt pas notre difèrante manière de panſer , ni nos difèrantes penſées qui font des mœufs difèrans en granmaire. Le Granmairien ne doit ſonger qu'a la dèſinance du mot , quand il s'agit de doner des noms aus parties de la con-jugaiſon, & ſi l'on y prand bien gɪrde quelque idéɛ de paſſion, quelque pan-ſée acceſſoire que j'ajoute au Verbe, ſi tout cela ne change point la dèſinan-ce je ne dois pas en faire une nouvèle partie de la conjugaiſon. Le ſeul nom de ſubjonctif marque toutes les paſſions & quelque idée acceſſoire que j'ajoûte à l'idée de l'action ſigniﬁée par le Verbe, c'eſt toujours le ſubjonctif , parceque je joins quelque choſe à l'idée de l'action qui eſt a l'indicatif, tant que je n'ajoûte rien à l'action que le tems auquel èle s'eſt paſſée , & quand j'y joins *ſubjungo* quelque autre idée come de *deſir*, de *ſu-poſition*, de *doute*, de *condition* , &c. c'eſt ègalemant un ſubjonctif.

DES VOIS.

Les Grecs ont un actif, un paſſif, & un mèdium. Je ne ſai pas trop bien ce que c'eſt que le Verbe mèdium des Grecs, un ſavant home a ècrit depuis peu pour en faire conoître la nature, mais ſon ſantimant n'a pas ètè univerſèlemant aprouvé.

Les latins n'ont qu'un actif & un paſſif, & même il y a une partie du paſſif qui eſt compoſée par le moyen de l'auxiliaire *ſum*, ſavoir tous les tems qui tiènent du prèterit. Dans la langue Greque tous ces tems qui tiènent du prèterit, ſont marqués par des terminaiſons difèrantes, à l'exception de quelques-uns, & ne ſont pas compoſés de l'auxiliaire. En franſois tout notre paſſif ſe forme par le moyen de l'auxiliaire *être*.

Les Latins auſſi bien que les Grecs forment tout leur actif ſans auxiliaire. En franſois nous formons tous nos tems préterits par l'auxiliaire *avoir*, ou par l'auxiliaire *être*. (ceci eſt pour les Verbes que je nome neutre paſſifs, come *venir* qui fait *je ſuis venu.*)

Il en eſt de même des Langues Italiène & Eſpagnole qui forment tous ces tems du préterit avec l'un des deus auxiliaires *avoir* ou *être*.

Il en faut excepter pour les Eſpagnols, le futur parfait *j'aurai chanté*, & le tems du ſubjonctif qui lui repond *j'aurois chanté*, qui ſe forment en Franſois par le moyen de l'auxiliaire, mais en Eſpagnol ils ſont marqués ſeulemant par des dèſinances ou terminaiſons & ne forment que des tems ſimples, come on peut voir par la table du Verbe Eſpagnol.

L'Aleman compoſe auſſi les tems du préterit avec l'auxiliaire *avoir*, ou avec l'auxiliaire *être*, il fait plus, c'eſt qu'il forme ſes futurs avec un autre auxiliaire qui eſt *Werden, ich Werde ſchreiben,* pour *j'è-crirai.*

Il forme auſſi par *Würde* qui eſt l

junctif *de Werden*, le troisième tems du subjunctif, *ich Würde schreiben*, pour dire *j'ècrirois*.

De plus les Alemans expriment par le même tems, ou la même inflexion, ce que nous exprimons par notre préterit simple, & par notre imparfait, ce qui fait que les Alemans, qui veulent parler Franſois, mètent quelquefois un de ces tems au lieu de l'autre, & qu'ils diſent je *perdis* au lieu, de je *perdois*, ou je *perdois* au lieu de je *perdis*.

Les difèrantes conjugaiſons de la langue Latine & de la Langue Franſoiſe, & leurs conjugaiſons irregulières ne changent rien à ce que nous venons de dire des Mœufs, des Tems, des Vois.

On prétand que les Hebreus ont pluſieurs vois difèrantes, ce qui fait dans leur Granmaire neuf conjugaiſons difèrantes, mais ce ſont plutôt des Verbes dèrivés des autres, que des conjugaiſons difèrantes, les incoatifs & les frequentatifs des Latins ſeroient auſſi bien que les vois des Hebreus , des conjugaifons diférantes.

Les mots latins de *efurio* , *fcripturio* , *micturio* , *d'albefco* , *fenefco* , & les mots franfois de *jouailler* , *criailler* , feroient auffi des conjugaifons difèrantes , come les termes hebreus.

On pouroit parler ici des difèrantes conjugaifons des Verbes , mais je ranvoie cela à l'examen particulier de chaque langue , & ce que j'ai dit jufqu'ici fufit pour faire voir la difèrance qu'il y a antre toutes ces langues à l'égard des parties du Verbe.

On prétand que les Tartares n'ont qu'une feule conjugaifon , fans aucune irregularité, ce qui fait que leur Granmaire eft fort aifée à aprandre , & je croi qu'on pouroit faire une langue qui n'aïant qu'une feule conjugaifon ranfermeroit pourtant tout ce qu'il y a de comode dans toutes les diverfes conjugaifons des autres langues, foit pour le nombre des tems , foit pour celui des mœufs , on pouroit même y ajouter une chofe qui contriburoit beaucoup à exprimer toutes les idées qu'on peut avoir, ce feroit de lui doner une manière uniforme de former tous fes dèrivés & fes compofés , & règler que la même dèfinance, les mêmes filabes ou lètres ajoutées à la racine y ajoutaffent toujours la même idée acceffoire, le même changemant & que les particules mifes devant la racine pour faire des compofés donaffent auffi toujours la même idée acceffoire. On trouve quelque chofe de cela dans la langue Alemande & dans la langue Angloife, & fi cela ètoit bien mènagé, on feroit une langue très aifée à aprandre, très aifée a antandre & qui doneroit une extrème facilité pour exprimer clairemant, diftinctemant & fans èquivoque toutes les idées qu'on veut doner par le difcours. Ce langage que je nome filofofique n'eft pas tout à fait une chimère, & je pourois le faire voir par expèriance.

DES DIFERANTES NATURES
des Verbes.

Les Grecs & les Latins ont des verbes actifs & des Verbes neutres, mais cète diferance ne fait point de changemant dans la conjugaifon.

Les Latins ont une forte de Verbes qu'ils noment *dèponans* qui ont la terminaifon paffive, come *fequor*, *loquor*, mais ils gardent ou la fignification active come fequor ou la fignification neutre come loquor, quoi qu'ils ne fe conjuguent pas come les autres actifs & les autres neutres, & je croi qu'on les a nomé dèponans, parce qu'ils ont quité & come dèpofé la terminaifon comune aus actifs & aus neutres pour prandre cèle qui eft comunémant donée aus paffifs, je dis, comunémant, parcequ'il y a auffi des Verbes qui ont la fignification paffive quoiqu'ils aient la terminaifon active come *vapulo*, qui fignifie, *je fuis batu*.

Si

Si la diférance antre les actifs & les
neutres ne fait point de diférance dans la
conjugaiſon chés les Grecs & chés les Latins, il n'en eſt pas de même en notre
langue, nous avons des neutres qui forment leurs tems compoſés par le moyen
du Verbe *avoir* come les actifs, *j'ai dormi,
j'ai parlé*, il y a d'autres Verbes neutres
come *venir, ariver* qui forment leurs tems
compoſés par le moyen du Verbe auxiliaire *être*, qui ſert auſſi a former les paſſifs, & c'eſt pourquoi je les nome des
neutres paſſifs, come je voudrois nomer
neutres actifs les neutres qui ſe ſervent de
l'auxiliaire *avoir*, nous avons auſſi tous
les Verbes que j'ai només pronominaus
qui forment leurs parties compoſées par
le moyen de l'auxiliaire *être* quoi qu'ils
gardent la ſignification active, par example, *Je me bleſſe*, a pour prétérit compoſé
je me ſuis bleſſé, qui veut dire *j'ai bleſſé moi-
même*, & c'eſt pourquoi les Alemans forment les parties compoſées de ces ſortes
de Verbes pronominaus par le moyen du

B

Verbe auxiliaire *haben, avoir* quand ils ont la fignification active & difent *ich hab mich geschlagen, je m'ai batu*, pour dire *je me fuis batu, moi-même*.

On prétand que dans la Langue Efclavone il y a deus dèfinances difèrantes a la troifiême perfone, ce qui fait come une quatriême perfone grammaticale.

Quand l'actioneft faite par la perfone même qu'on introduit come le fujet principal de la propofition, alors il y a une terminaifon, par example *Jâcque dit qu'il joue*, aura une terminaifon. Mais fi je dis *Jâque dit que fon frère joue* alors il y aura une autre terminaifon au Verbe *Jouer*, parceque la perfone qui joue n'eft pas Jâque qui eft le fujet de la propofition.

Pour randre cela plus fanfible je fupofe qu'en Latin on face deus terminaifons a la troifiême perfone, & que l'une de leurs terminaifons eft la termináifon ordinaire, & que l'autre ajoute un *u*, fi l'on dit *Jacobus dicit quod ludit*, c'eft Jâque qui joue, fi l'on dit *Jacobus dicit quod frater Lu-*

ditu, c'eſt le frère de Jâque qui joue, ſi l'on dit *Jacobus dixit Petro quod perdidit Equum*, c'eſt Jâque qui a perdu ſon Cheval. Si l'on dit *Jacobus dixit Petro quod per-diditu Equum*, c'eſt Piêre qui a perdu ſon Cheval.

Si l'on pouvoit introduire dans une Langue ces difèrantes dèſinances pour marquer les perſones difèrantes, on èviteroit bien des èquivoques. Quand il s'a-git des pronoms poſſeſſifs, les Latins ont quelque choſe qui èvite les èquivoques, ſi je dis *Carolus dixit Paulo patrem ſuum ægrotare*, je vois que c'eſt le père de Charle qui eſt malade. Mais ſi je dis *Carolus dixit Paulo patrem ipſius ægro-tare*, je vois que c'eſt le père de Paul qui eſt malade. Il n'en eſt pas de même en Franſois, & ſi je dis *Jâque a dit a Paul que ſon père ètoit malade*, je ne ſai ſi le malade eſt le père de Jâque ou celui de Paul: peut être que notre ancien mot d'icelui pouroit èviter une partie de ces èquivoques.

B ij

Les Alemans ont une autre comodité pour èviter quelques èquivoques a l'egard des pronoms poſſeſſifs, quand le pronom *ſon* ſe raporte a un home, ils diſent *ſein*, s'il ſe raporte a une fame ils diſent *ihre*, ainſi ſi je dis *Ludvvig hat mariæ geſacht das ſein Vatter iſt Kranck*, *Louïs a dit a Marie que ſon père eſt malade*, Je vois par l'Aleman que c'eſt le père de Louïs qui eſt malade, mais ſi je dis *Ludvvig ha Mariæ geſacht das ihre vatter iſt Kranck*, je vois que c'eſt le père de Marie qui eſt malade.

On èviteroit beaucoup de ces èquivoques ſi dans les narrations on ſe ſervoit du ſtile des auteurs hebreus & que l'on dît, *Jâque dit je joue*, ou *Jâque dit mon frère joue*, *Charle a dit a Paul mon père eſt malade*, ou *Charle a dit a Paul ton père eſt malade*. *Louïs a dit a Marie mon père eſt malade*, *Louïs a dit a Marie ton père eſt malade*.

Il arive dans la Conjugaiſon de quelques Verbes Alemans trois choſes qui me

paroiſſent fort remarquables & qui n'ar-
rivent point dans les autres Langues, ſi ce
n'eſt dans cèles qui viènent de l'Alemande, come la Flamande, & la Holan-
doiſe.

1°. Il y a beaucoup de Verbes qui
pour former leur participe, qui ſert a
former les parties compoſées, mètent
la ſilabe *ge* devant l'nfinitif du Verbe,
par exemple le mot Alman *leſen* qui ſignifie *lire*, a pour participe *geleſen*, *lu*, & ce
participe joint a l'auxiliaire forme les
tems Compoſés *ich hab geleſen*, ſignifie
j'ai lu, quelque fois en formant ce participe on change la lètre *n* de l'infinitif
en *t*, ainſi de l'infinitif *reden* qui ſignifie
parler, on fait le participe *geredet*, *parlé*, &
de ce participe joint a l'auxiliaire, on
forme les parties compoſées, & l'on dit
ich hab geredet, pour dire *j'ai parlé*.

2°. Il y a des Verbes compoſés d'un
Verbe & d'une prépoſition, par example
zumachen qui ſignifie *fermer*, qui eſt compoſé du Verbe *machen* qui ſignifie *faire* &

de la prépofition *zu*, qui a diverfes fi-
gnifications. De ces Verbes ainfi compofés il y en a quelques uns qui pour former leur participe mètent la filabe *ge*
antre la prépofition & le Verbe, par
exemple l'infinitif *zumachen* figuifie *fermer*. Pour former fon participe on met la
filabe *ge* antre la prépofition *zu* & le
Verbe *machen* dont on change *l'n* & *t*, &
l'on dit *zu gemacht*, *fermé*, & *ich hab zuge-
macht*, pour dire *j'ai fermé*.

3°. De ces prépofitions qui fervent a
former les Verbes compofés il y en a
quelques unes qui en certains tems du
Verbe, come l'imparfait & l'imperatif fe
fèparent abfolumant du verbe fimple &
fe mètent a la fin de la frafe, pandant
que le Verbe eft au comancemant *zumachen*, come j'ai dit fignifie *fermer*, a l'Imperatif pour dire *fermés la porte*, on dira en
Aleman *macht die thür zu*, ou l'on voit
que laiffant le Verbe *macht* au comancemant de la frafe je mets la prépofition *zu*
a la fin de la frafe, pour dire a l'impar-

fait, *il fermoit la porte* on dira en Aleman *er machte die thür zu,* mètant le Verbe *machte* au comancemant de la frafe, & la prépofition *zu* a la fin de la frafe.

Ces trois chofes la m'ont paru fi fingulières que je n'ai pu m'ampêcher de les mètre ici, quoique je comprène bien que mes trois remarques ne paroitront pas fort impotantes a ceus qui n'ont nule idée de la lague Alemande.

De peur d'être trop long j'obmets ici beaucoup d'autres remarques a peu près de même nature.